# PRINCÍPIO DA COOPERAÇÃO TRIBUTÁRIA PRIMEIRO EFEITO CONCRETO

## VETOR HERMENÊUTICO

Fabio Brun Goldschmidt
Leonardo Aguirra de Andrade
Carlos Bastide Horbach

Copyright © 2024 by Editora Letramento

Diretor Editorial  Gustavo Abreu
Diretor Administrativo  Júnior Gaudereto
Diretor Financeiro  Cláudio Macedo
Logística  Daniel Abreu e Vinícius Santiago
Comunicação e Marketing  Carol Pires
Assistente Editorial  Matteos Moreno e Maria Eduarda Paixão
Assistente de Edição  Ana Isabel Vaz
Designer Editorial  Gustavo Zeferino e Luís Otávio Ferreira

Conselho Editorial Jurídico

| | | |
|---|---|---|
| Alessandra Mara de Freitas Silva | Edson Nakata Jr | Luiz F. do Vale de Almeida Guilherme |
| Alexandre Morais da Rosa | Georges Abboud | Marcelo Hugo da Rocha |
| Bruno Miragem | Henderson Fürst | Nuno Miguel B. de Sá Viana Rebelo |
| Carlos María Cárcova | Henrique Garbellini Carnio | Onofre Alves Batista Júnior |
| Cássio Augusto de Barros Brant | Henrique Júdice Magalhães | Renata de Lima Rodrigues |
| Cristian Kiefer da Silva | Leonardo Isaac Yarochewsky | Salah H. Khaled Jr |
| Cristiane Dupret | Lucas Moraes Martins | Willis Santiago Guerra Filho |

Todos os direitos reservados. Não é permitida a reprodução desta obra sem aprovação do Grupo Editorial Letramento.

Dados Internacionais de Catalogação na Publicação (CIP)
Bibliotecária Juliana da Silva Mauro – CRB6/3684

G623p    Goldschmidt, Fabio Brun
         Princípio da cooperação tributária primeiro efeito concreto : vetor hermenêutico / Fabio Brun Goldschmidt, Leonardo Aguirra de Andrade, Carlos Bastide Horbach. - Belo Horizonte : Casa do Direito, 2024.
         84 p. ; 21 cm.
ISBN 978-65-5932-509-2
1. Cooperação tributária. 2. Vetor hermenêutico. 3. Direitos fundamentais. 4. Planejamento tributário. 5. Liberdade econômica. I. Andrade, Leonardo Aguirra de. II. Horbach, Carlos Bastide. III. Título.
CDU: 34:336.2                                              CDD: 343.05

Índices para catálogo sistemático:
1. Direito tributário 34:336.2              2. Direito tributário 343.05

**LETRAMENTO EDITORA E LIVRARIA**
CAIXA POSTAL 3242   /   CEP 30.130-972
av. Antônio Abrahão Caram   /   n. 430
sl. 301   /   b. São José   /   BH-MG
CEP: 30275-000   /   TEL. 31 3327-5771

| | | |
|---|---|---|
| 7 | | **INTRODUÇÃO** |
| 17 | **1.** | **A POSITIVAÇÃO DO PRINCÍPIO DA COOPERAÇÃO TRIBUTÁRIA** |
| 21 | 1.1. | Dimensão Fundamental da Cooperação Tributária |
| 29 | 1.1.1. | Âmbito de Proteção dos Direitos Fundamentais: perspectivas dogmáticas |
| 41 | **2.** | **VETOR HERMENÊUTICO** |
| 44 | 2.1. | O Princípio da Cooperação e a eficácia do Princípio *in dubio pro reo* |
| 46 | 2.2. | O impacto do Princípio da Cooperação na Lei da Liberdade Econômica |
| 52 | 2.3. | O impacto do Princípio da Cooperação em matéria de planejamento tributário |
| 58 | 2.4. | A orientação razoável e o Princípio da Cooperação |
| 63 | 2.5. | O impacto do Princípio da Cooperação na Lei de Preços de Transferência |
| 66 | 2.6. | O Princípio da Cooperação Tributária e a proteção das autoridades fiscais |
| 68 | 2.7. | Limites à troca de informações obtidas em programas de cooperação pelos fiscos locais |
| 70 | 2.8. | Limites à troca de informações obtidas em programas de cooperação com outros países |
| 74 | 2.9. | Cooperação e Split-Payment |
| 77 | | **CONCLUSÕES** |

# INTRODUÇÃO

**No início do ano de 2023, publicamos[1] o trabalho denominado** *"Por um Princípio da Cooperação Tributária"*, que propunha o acolhimento de um novo princípio no Sistema Tributário Nacional (*i.e.*, Princípio da Cooperação Tributária), que poderia ser extraído implicitamente do texto da Constituição Federal, a partir dos princípios da moralidade e eficiência (art.37), combinado com os princípios da ordem econômica e financeira, da livre iniciativa, livre concorrência, busca do pleno emprego, valorização do trabalho, propriedade privada (art. 170) e, não menos importante, dos princípios administrativos da autotutela, razoabilidade e proporcionalidade. A inovação então proposta se apresentava em duas frentes: a) na elevação do tema da cooperação à condição de princípio constitucional; e b) na abrangência conceitual do referido axioma[2].

---

[1] Os dois primeiros autores.

[2] GOLDSCHMIDT, Fabio Brun; ANDRADE, Leonardo Aguirra de. *Por um princípio da cooperação no Direito Tributário: contribuições para o acolhimento de um novo princípio fiscal*. Belo Horizonte: Editora Letramento, 2023.

Quanto à elevação da cooperação à condição de princípio constitucional, é preciso dizer que a cooperação é, até hoje, noção bastante diluída no Direito Tributário, especialmente o brasileiro. Na esparsa doutrina, alguns autores sustentavam se tratar de um "dever", do contribuinte e do fisco, conforme o caso[3]. E, segundo entendemos, na condição de um mero "dever", a noção de cooperação tinha alcance limitado. Isso porque inexistia uma norma geral prevendo, de forma ampla, um dever de cooperação (especialmente de *status* constitucional). Havia alguns parcos deveres pontuais, dirigidos a situações circunscritas. E deveres pontuais, previstos em dispositivos esparsos, são incapazes de gerar efeitos além de seus próprios e limitados termos. São normas de baixo grau de abstração e, consequentemente, de campo eficacial normalmente limitado a sua literalidade. Encontram-se na base da pirâmide normativa e, por isso, cedem passo ao influxo de normas mais elevadas. Havia também escritos direcionados a relacionar a capacidade contributiva e a capacidade de cumprimento das obrigações acessórias, objeto bastante distinto do pretendido aqui.[4]

O esforço intelectual em se elevar a cooperação à condição de princípio tributário, portanto, tinha a finalidade de se lhe alçar ao patamar mais alto da hierarquia normativa, alicerçando-o diretamente na Constituição Federal.

---

[3] PORTO, Éderson Garin. *A colaboração no direito tributário: por um novo perfil de relação obrigação tributária*. Porto Alegre: Livraria do Advogado Editora, 2016. p. 84-106.

[4] GOLDSCHMIDT, Fabio Brun. *O Princípio Do Não-Confisco No Direito Tributário*. São Paulo: Revista dos Tribunais, 2004; PAULSEN, Leandro. *Capacidade Colaborativa: princípio de direito tributário para obrigações acessórias e de terceiros*. Porto Alegre: Livraria do Advogado Editora, 2014, versão digital, itens 1.2. e 1.3

E, com isso, pretendia-se não apenas viabilizar seu enfrentamento e proteção pelo Supremo Tribunal Federal, como igualmente abrir espaço para o desenvolvimento do tema pela doutrina e jurisprudência, dadas as características ontológicas da noção de princípio.

Nessa linha, procuramos compreendê-lo como um princípio enquanto *"mandamento de otimização"* [5] do sistema jurídico-tributário como um todo, estabelecendo um comando normativo – portanto, uma norma jurídica – para que os atores envolvidos nesse sistema promovam, "na medida necessária", um fim específico (cooperação)[6]. Adota-se aqui a ideia de que os princípios são *"normas imediatamente finalísticas"*[7], o que nos é relevante para trabalhar a relação entre meio e fim analisada neste trabalho e a aplicação do princípio da proporcionalidade.

Compreendida como princípio constitucional, a cooperação pode se nutrir das características ínsitas à própria natureza principiológica, ou seja: a) caráter geral; b) função estruturante; c) função normogenética; e d) função hermenêutica[8]. Caráter geral, por se aplicar a qualquer situação, independentemente de previsão específica. Função estruturante, por servir de norte à própria estruturação e organização do sistema em todos os seus aspectos (materiais, processuais, funcionais e legislativos). Função normogenética, por orientar e vincular o legislador infra-

---

[5] ALEXY, Robert. *Teoria dos Direitos Fundamentais*. 2ª Edição. Tradução de Virgílio Afonso da Silva. São Paulo: Malheiros, 2012, p. 90.

[6] ÁVILA, Humberto. *Teoria dos Princípios*. 21ª Edição. São Paulo: Malheiros, 2022, p. 89.

[7] ÁVILA, Humberto. *Teoria dos Princípios*. 21ª Edição. São Paulo: Malheiros, 2022, p. 106.

[8] GUASTINI, Ricardo. *Das fontes às normas*. Tradução de Edson Bini. São Paulo: Quartier Latin, 2005, p.185-203.

constitucional na elaboração das leis, para que guardem conformidade com o norte cooperativo. Função hermenêutica, por passar a balizar a interpretação das normas por todos os atores do sistema, em qualquer situação[9].

Quanto à abrangência conceitual do axioma, a inovação proposta no referido trabalho estava no alcance que entendemos que deva ser dado ao axioma. Segundo pensamos, o Princípio da Cooperação Tributária se dirige não apenas ao fisco e ao contribuinte, senão que também aos Poderes Judiciário (na interpretação das leis), Legislativo (na criação das leis) e Executivo (na aplicação das leis). Além disso, entendemos que ele deve orientar a própria relação entre os fiscos, dentro do contexto federativo, seja para reconhecer e respeitar os atos praticados por outro ente federado, seja para reconhecer créditos e débitos recíprocos, participações na arrecadação ou destinação de recursos, ou respeitar benefícios fiscais outorgados por outro ente.

Mas veja-se que, inclusive no que diz respeito ao fisco e ao contribuinte, nossa compreensão do princípio da Cooperação Tributária é bastante distinta e mais ampla que a noção tradicional. Nosso entendimento é de que a cooperação não se limita à garantia de respeito à capacidade do contribuinte de atender às demandas do fisco, relativamente às obrigações acessórias, tema abordado extensamente na obra Princípio do Não-confisco[10].

---

9 BARROSO, Luís Roberto. *Interpretação e aplicação da constituição: fundamentos de uma dogmática constitucional transformadora*. São Paulo: Saraiva, 2014, p. 141.

10 GOLDSCHMIDT, Fabio Brun. *O Princípio Do Não-Confisco No Direito Tributário*. São Paulo: Revista dos Tribunais, 2004.

Trata-se de estruturar o sistema para que funcione da forma mais eficiente, menos custosa, mais ágil e mais alinhada com os objetivos constitucionais de desenvolvimento nacional. Como dito em "*Por um Princípio da Cooperação Tributária*", trata-se de alterar a premissa tradicional do Direito Tributário brasileiro, baseado em relações essencialmente coercitivas, para se priorizar os pontos de convergência de interesses entre ambos. Afinal, fisco e contribuinte estão interessados no aumento de faturamento, lucro, valor agregado, número de operações e folha de salários. E, em um cenário ideal, o fisco deveria até mesmo auxiliar o contribuinte a administrar seus tributos da forma mais eficiente e econômica possível, já que possui todos os elementos para verificar desperdícios, pagamentos a maior ou interpretações dissonantes da concorrência. Assim, agirá em prol do crescimento da atividade econômica, do pleno emprego e dos fatos geradores referidos, como consequência. Além do mais, deriva da própria legalidade e da moralidade a noção de que ao fisco cabe cobrar o tributo devido, o que, na face oposta, obriga-o a não cobrar além do devido (agindo ativamente para isto).

Note-se que não se trata de uma construção advocatícia do princípio da Cooperação Tributária para delimitar apenas o comportamento do fisco. Pelo contrário, busca-se também restringir e coibir determinadas posturas dos contribuintes. A reflexão aqui pertinente é como estimular condutas dos contribuintes que querem colaborar e cooperar com as autoridades fiscais, para assim diferenciar – com estímulo, e não apenas com multas – os tipos de contribuintes, de acordo com os seus comportamentos e as suas particularidades. O que faz de um contribuinte um bom contribuinte em um sistema tributário ideal? Trata-se, nessa linha, *de lege ferenda*, de estruturar normas que promovam a redução de conflitos, reduzam danos e custos, alinhem interesses, acelerem procedimentos, facilitem o pagamento de tributos e o exercício da atividade econômica, premiem o bom pagador, estimulem a autorregularização e tornem a gestão tributária, do Estado e dos contribuintes, mais simples, barata e transparente.[11]

Com o advento da reforma tributária, o tema ganhou novo colorido. Após a aprovação na Câmara e encaminhamento ao Senado, os autores da obra *"Por um Princípio da Cooperação Tributária"* tiveram a oportunidade de sugerir aos Senadores Efraim Filho e Alan Rick a incorporação do Princípio da Cooperação Tributária à Constituição Federal, de modo a converter em princípio expresso aquilo que já entendiam como princípio implícito do Sistema. A proposta de emenda foi levada adiante pelos parlamentares e o Princípio da Cooperação Tributária foi, então, aprovado pelas duas Casas, convertendo-se em princípio geral do Sistema Tributário Nacional.

Dito isso, cabe a pergunta: quais são os efeitos concretos da constitucionalização do Princípio da Cooperação Tributária e qual a sua aplicação prática imediata?

---

11 O tratamento mais benéfico para o "bom pagador", nesse contexto, é incompatível, por exemplo, com os programas de redução de litígios que criam condições mais atraentes ou mais favoráveis para créditos de difícil recuperação, cuja mensuração é inversamente proporcional ao bom comportamento do contribuinte. Exemplo disso pode ser encontrado no Edital de Transação por Adesão nº 1, de 18 de março de 2024, por meio do qual a Receita Federal do Brasil lançou o programa "Programa Litígio Zero 2024", no qual quanto pior o histórico do contribuinte mais reduções são concedidas. Premia-se a desconformidade fiscal. Trata-se de uma afronta clara ao Princípio da Cooperação Tributária na formulação de normas voltadas à redução de litígios.

O presente trabalho pretende responder a essa indagação, endereçando o tema sob o viés hermenêutico da garantia constitucional – e de sua eficácia imediata – independentemente de qualquer regulação posterior.

# 1. A POSITIVAÇÃO DO PRINCÍPIO DA COOPERAÇÃO TRIBUTÁRIA

**Os princípios jurídicos podem ser expressos e implícitos, ou seja,** podem estar previstos em dispositivos normativos ou podem ser construídos ou deduzidos pelos intérpretes do Direito a partir da integração de outras normas jurídicas[12]. Sustentamos, na obra *Por um Principio da Cooperação no Direito Tributário*, que a cooperação poderia ser construída como um princípio implícito.

A positivação da cooperação como princípio do Sistema Tributário Nacional, pela Emenda Constitucional nº 132/2023, inserido no §3º do art. 145 da Constituição Federal de 1988, tem diversas consequências jurídicas. A primeira delas é que a viabilidade jurídica da proposição apresentada no livro "Por um Princípio da Cooperação no Direito Tributário" foi confirmada pelo constituinte. A segunda se refere à promoção da segurança jurídica por meio da normatização do princípio. Como ensina Tércio Sampaio Ferraz Jr., a positivação de um princípio

---

[12] GUASTINI, Ricardo. *Das fontes às normas*. Tradução de Edson Bini. São Paulo: Quartier Latin, 2005, p.191-192.

"*aumenta a segurança e a precisão de seu entendimento*". Torna-se incontroversa a sua normatividade, independentemente de uma construção hermenêutica desprovida de texto normativo. Com efeito, o afastamento ou a mitigação da eficácia do Princípio da Cooperação Tributária exige, agora, de maneira ainda mais clara (porque baseado em dispositivo constitucional), um ônus argumentativo de justificação jurídica fundada em bases constitucionais por parte de todos os agentes envolvidos na relação tributária. Mais do que isso, a cooperação passa a ter um caráter normativo que pode dar ensejo à construção de novos princípios constitucionais, igualmente com força normativa.

Dada a tradição jurídica brasileira de alta normatividade, não surpreenderia que, a partir desse novo princípio, o legislador entendesse por bem editar uma lei complementar disciplinando os pormenores da sua aplicação.

No entanto, mesmo antes da edição de uma lei complementar sobre o tema, já existe um elemento novo a ser observado, uma vez que "*a positivação de princípios implica a obrigatoriedade da adoção de comportamentos necessários à sua realização*", como ensina Humberto Ávila[13]. E de quais comportamentos estamos falando? Os comportamentos "*necessários para promover o fim devido*"[14] (cooperação) por todos aqueles impactados por esse comando normativo constitucional, tais como os contribuintes, as autoridades fiscais, os julgadores administrativos, enfim,

---

[13] ÁVILA, Humberto. *Teoria dos Princípios*. 21ª Edição. São Paulo: Malheiros, 2022, p. 107.

[14] ÁVILA, Humberto. *Teoria dos Princípios*. 21ª Edição. São Paulo: Malheiros, 2022, p. 108.

o Poder Executivo como um todo, o Poder Judiciário e, inclusive, o Poder Legislativo.

Trata-se, como se vê, de um novo comando normativo – já passível de ser construído pela interpretação – porém agora estabelecido no plano constitucional.

Diversos conteúdos podem ser extraídos dessa norma constitucional. O que pretendemos examinar no presente estudo é sua natureza enquanto vetor hermenêutico, isto é, como o Princípio Constitucional da Cooperação Tributária impacta a interpretação das normas tributárias.

Antes, no entanto, de aprofundar o exame do seu vetor hermenêutico, é importante definir os pontos de partida conceituais do Princípio da Cooperação Tributária, compreendendo a sua dimensão fundamental.

## 1.1. DIMENSÃO FUNDAMENTAL DA COOPERAÇÃO TRIBUTÁRIA

A compreensão constitucionalmente adequada do princípio da cooperação tributária passa, inicialmente, por sua correta inserção no núcleo essencial da ordem constitucional brasileira, especialmente no que toca a sua dimensão fundamental.

Há muito, pelo menos desde o julgamento da ADI 939, Rel. Min. Sydney Sanches, DJ de 18.03.1994, o Supremo Tribunal Federal tem entendimento de que as garantias tributárias constantes da Constituição de 1988 têm natureza de direitos fundamentais, não se admitindo sua relativização nem mesmo por emenda constitucional. Ao assim compreender, aplicando ao caso a limitação constante do inciso IV do § 4º do art. 60 da Constituição Federal, a Suprema Corte brasileira evidenciou o reconhecimento de direitos fundamentais para além do Título II do texto constitucional de 1988, bem como explicitou que também nas relações regidas pelo direito tributário há uma vinculação necessária a direitos fundamentais específicos, que são próprios do sistema tributário nacional.

Nesse caso célebre, o STF declarou a inconstitucionalidade da Emenda Constitucional nº 3/1993, que autorizava a cobrança do imposto sobre movimentações financeiras no mesmo ano de sua instituição, em violação ao princípio constitucional da anterioridade tributária. Para chegar a essa conclusão, como acima indicado, o Supremo assentou que os direitos fundamentais não se encontram limitados às normas constantes do referido Título II do texto constitucional, mas sim podem estar previstos em diversos dispositivos da Constituição que, independentemente do *locus* de sua inserção no diploma normativo, assegurem garantias frente à atividade do Estado.

A fundamentação desse acórdão é sintetizada, de modo objetivo e completo, pela seguinte análise de Oscar Vilhena Vieira, *in verbis*:

> "[...] O debate entre os Ministros se concentrou principalmente em torno da questão da natureza do princípio da anterioridade, se este constitui ou não um direito individual.
> O Ministro Marco Aurélio iniciou seu voto afirmando que os direitos e garantias constitucionais não são apenas aqueles inseridos no art. 5º da Constituição, do qual constam setenta e sete incisos. Princípios e garantias do cidadão, no seu 'embate diário que trava com o Estado', podem ser encontrados em outros artigos da Constituição. Para confirmar essa interpretação como a única possível, cita o § 2º, do art. 5º, da Constituição, que dispõe que 'os direitos e garantias expressos nesta Constituição não excluem outros decorrentes do regi-

me e dos princípios por ela adotados, ou dos tratados internacionais em que a República Federativa do Brasil seja parte'. E como fica expresso pelo art. 150, *caput*, da Constituição, o princípio da anterioridade é uma garantia assegurada ao contribuinte, não restando dúvida, portanto, de que, por força do § 2º do art. 5º, somado ao inciso IV do § 4º do art. 60, inclui-se no rol dos direitos individuais protegidos pelas cláusulas pétreas. Essa posição foi confirmada pela maioria dos Ministros. O Ministro Carlos Velloso foi, no entanto, além; para ele os direitos irrevogáveis protegidos pelo art. 60, § 4º, IV, não são apenas os individuais, mas todos os direitos fundamentais de primeira, segunda, terceira e até quarta geração, protegidos pela Lei Maior".[15]

Ou seja, se a Constituição impõe ao Estado limitações a sua atividade tributária, está nesse ato consagrando uma garantia em favor de um tipo qualificado de indivíduo, o contribuinte, que tem agregado a sua esfera de proteção jurídica esse direito, que se reveste de natureza fundamental e que pode até mesmo consubstanciar uma cláusula pétrea a impedir a mudança do texto constitucional.

Nessa linha intelectiva é que se deve interpretar a norma inserida, pela Emenda Constitucional nº 132/2023, no § 3º do art. 145 da Constituição Federal – *"o Sistema Tributário Nacional deve observar os princípios da simplicidade, da transparência, da justiça tributária, da cooperação e da defesa do meio ambiente"* –, de modo a compreender toda a extensão de sua prescrição. Tal dispositivo constitucional delimita as ações do Estado enquanto autoridade tributária frente ao cidadão, em suas relações recíprocas, nas diferentes dimensões de fundamentalidade tradicionalmente reconhecidas pela doutrina e pela jurisprudência do Supremo Tribunal Federal.

---

**15** VIEIRA, Oscar Vilhena. **Supremo Tribunal Federal: jurisprudência política**, 2ª ed., 2002, p. 180-181.

Afirmar que as garantias em matéria tributária são direitos fundamentais significa incorporar ao debate em torno do princípio da cooperação uma série de reflexões históricas e teóricas.

De fato, as expressões normativas do constitucionalismo moderno, desde o final do século XVIII, contêm referências ao poder de tributar do Estado, enfim, ao direito dos cidadãos de terem observado, em seu relacionamento com o poder público enquanto titular da tributação, um padrão normativo básico, fundamental.

Regras dessa natureza, por exemplo, estavam presentes – e muitas delas ainda se encontram em vigor – nos setenta textos constitucionais norte-americanos promulgados no período compreendido entre a edição da Constituição de New Hampshire, de 5 de janeiro de 1776, até a Constituição da Califórnia, de 10 de outubro de 1849, avaliadas com acuidade por Horst Dippel.[16]

Por outro lado, no contexto do outro movimento revolucionário marcante nos albores do constitucionalismo, a Revolução Francesa, igualmente há expressa menção aos direitos de natureza tributária, inseridos na normatividade fundamental. Com efeito, o art. XIII da Declaração dos Direitos do Homem e do Cidadão contém a célebre afirmação de que *"para a manutenção da força pública e para as despesas de administração é indispensável uma contribuição comum que deve ser dividida entre os cidadãos de acordo com suas possibilidades"*, numa construção inicial da ideia de capacidade contributiva.

---

16 DIPPEL, Horst. **História do Constitucionalismo**. Novas perspectivas. Lisboa: Fundação Calouste Gulbenkian, 2007, p. 181, na qual se inicia o capítulo intitulado "Os direitos humanos na América, 1776-1849: redescobrindo o contributo dos estados".

Por outro lado, o art. XIV do mesmo documento seminal do moderno constitucionalismo previa que "*todos os cidadãos têm direito de verificar, por si ou pelos seus representantes, da necessidade da contribuição pública, de consenti-la livremente, de observar o seu emprego e de lhe fixar a repartição, a arrecadação, a cobrança e a duração*".

Tal prescrição indubitavelmente consubstancia um conjunto de standards de conduta para o Estado e o cidadão na condução de suas relações em matéria tributária.

Por fim, ainda no intuito de exemplificar historicamente a fundamentalidade dos direitos em matéria tributária, é importante lembrar que, quando Jellinek sistematiza a teoria dos direitos públicos subjetivos na doutrina germânica, o poder de tributar já se fazia presente.

As diversas formas de relação entre indivíduo e Estado, inclusive as de tributação, são explicadas pela teoria do *status* de Georg Jellinek.[17] *Status*, em tal teoria, pode ser caracterizado como uma relação com o Estado que qualifica o indivíduo, outorgando-lhe, em determinadas situações, direitos.[18] Jellinek esclarece que o significado que a jurisprudência romana atribuiu ao *status homini*, isto é, uma condição jurídica pertencente a um homem determinado ou a uma determinada classe de pessoas, pode

---

**17** JELLINEK, Georg. **Sistema dei Diritti Pubblici Subbietivi**. Trad. de Gaetano Vitagliano, Milano: Società Editrice Libreria, 1912, passim.

**18** ALEXY, Robert. **Teoria de los derechos fundamentales**. Madrid: Centro de Estudios Constitucionales, 1993, p. 248. FERRAZ JUNIOR, Tércio Sampaio. **Estudos de Filosofia do Direito**. Reflexões sobre o poder, a liberdade, a justiça e o direito. 3a ed., São Paulo: Atlas, 2009, p. 128: "Por *status* entende Jellinek a posição do cidadão derivada de sua qualidade de membro do Estado (*Staatsglied*). O cidadão é não apenas alguém submetido à soberania do Estado mas, por força de reconhecimento, é sujeito de personalidade, dotado de direitos e deveres em face dele".

ser utilizado como ponto de partida para a configuração do *status* do indivíduo perante o Estado.[19]

Pelo fato de pertencer ao Estado, o indivíduo é qualificado sob diversos aspectos, sendo que as diferentes possibilidades de relacionamentos com o poder público o colocam em distintas condições juridicamente relevantes. As pretensões jurídicas que resultam dessas mesmas condições são o que se designa com o nome de direitos públicos subjetivos.[20]

Existem, nessa perspectiva, quatro posições, ou melhor, quatro tipos de *status* que podem explicar a situação do indivíduo nas suas relações com o ente estatal: *status* passivo, *status* negativo, *status* positivo e *status* ativo, que, nessa ordem, representam uma evolução ascendente de respeito do Estado pelas pessoas.[21]

Como observa Alexy, o *status* passivo, também denominado *status subiectionis*, é tratado com brevidade no *Sistema dos direitos públicos subjetivos*.[22] Até mesmo porque, segundo Jellinek, tal *status* derivaria da subordinação ao Estado, posição mais básica da relação entre o indivíduo e o ente estatal. Essa posição inicial constitui a base para toda a atividade do Estado e, nela, "o indivíduo, na esfera de seus deveres individuais, encontra-se no *status* passivo (*passiven Status*), no *status subiectionis*, do qual está excluída a autodeterminação".[23] Nesse *status* resta representado, abstratamente, o conjunto de deveres, mandados

---

[19] JELLINEK, Georg. Op. cit. p. 94, nota 1.
[20] JELLINEK, Georg. Op. cit. p. 96.
[21] JELLINEK, Georg. Op. cit. p. 98.
[22] ALEXY, Robert. Op. cit. p. 249.
[23] JELLINEK, Georg. Op. cit. p. 96.

e proibições advindos dessa relação indivíduo e Estado. Não surpreende, portanto, que o exemplo tradicionalmente associado ao *status* passivo seja o dever de pagar tributos, de submeter-se ao poder fiscal do Estado.

Já o *status* negativo representa, de certo modo, o contraponto ao passivo, como se pode depreender da seguinte passagem de Jellinek.

> Ao membro do Estado pertence também um *status* no qual ele é senhor absoluto, uma esfera livre do Estado, uma esfera que exclui o *imperium*. Esta é a esfera da liberdade individual, do *status* negativo, do *status libertatis*, na qual os objetivos estritamente individuais são realizados por meio da livre atividade do indivíduo.[24]

O *status* negativo faz com que o Estado se abstenha de intervir em setores que não lhe digam respeito. Trata-se, portanto, da possibilidade abstrata de estabelecer certa categoria de ações, as quais não podem sofrer ingerências do poder público, podendo nelas o indivíduo atuar com plena liberdade.[25] Também aqui são comuns os exemplos relacionados à competência tributária do poder público, quando se considera, por exemplo, a existência de bens, sujeitos ou procedimentos que, por força do direito, são infensos a esse poder.

Por outro lado, quando o Estado, no cumprimento de suas tarefas, reconhece ao indivíduo a capacidade jurídica de exigir que os poderes estatais operem em seu favor, concedendo-lhe uma pretensão jurídica positiva, está operando no campo do *status* positivo, que se apresenta como o fundamento do complexo de prestações estatais

---

24 JELLINEK, Georg. Op. cit. p. 97.
25 JELLINEK, Georg. Op. cit. p. 116.

no interesse individual.[26] O indivíduo possuir tais pretensões ante o Estado significa, primeiro, que, diante do poder público, possui direitos a algo e, segundo, que detém uma competência para sua imposição, sem a qual o indivíduo não se encontra, efetivamente, no *status* positivo.[27]

Em suma, assumindo uma fórmula jurídica geral, o *status* positivo resulta para o indivíduo em uma capacidade de exigir prestações positivas por parte do Estado, e, para o Estado, na obrigação jurídica de exercer sua atividade no interesse individual, mediante, principalmente, a atividade administrativa.[28]

Finalmente, tendo presente que a atividade do Estado somente é possível mediante a ação individual, o poder público reconhece a capacidade de o indivíduo agir pelo ente estatal, promovendo-o a uma condição mais elevada, mais qualificada, à cidadania ativa, que configura, de forma mais completa, o *status* ativo, ou *status activae civitatis*, no qual o indivíduo é chamado a exercer os direitos públicos no seu mais estrito significado.[29] Sendo a vontade do Estado uma vontade humana, a formação da vontade estatal, de fato ou de direito, deve ser obra dos indivíduos, na qualidade de órgãos do Estado.[30] Mais uma vez a projeção dessa ideia para o campo tributário é patente, bastando para compreendê-la a lembrança de um dos princípios mais antigos do tratamento jurídico-político da instituição de tributos: *no taxation without representation*.

---

26 JELLINEK, Georg. Op. cit. p. 98.
27 ALEXY, Robert. Op. cit. p. 256.
28 JELLINEK, Georg. Op. cit. p. 134 e p. 142.
29 JELLINEK, Georg. Op. cit. p. 98.
30 JELLINEK, Georg. Op. cit. p. 151.

A teoria de Jellinek é por ele mesmo assim sintetizada:

> Nesses quatro *status*, passivo, negativo, positivo e ativo, estão compreendidas as condições nas quais se pode encontrar o indivíduo enquanto membro do Estado. Prestações ao Estado, liberdades diante do Estado, pretensões exigíveis do Estado e prestações enquanto Estado são os pontos de vista dos quais pode ser considerada a situação de direito público do indivíduo. Esses quatro *status* formam uma linha ascendente, enquanto que o indivíduo, inicialmente, pelo fato de prestar obediência ao Estado, aparece privado de personalidade, depois lhe é reconhecida uma esfera independente, livre do Estado, chegando o próprio Estado a obrigar-se perante o indivíduo e, ao final, a vontade individual é chamada a participar no exercício do poder estatal ou vem reconhecida como portadora (*Träger*) do *imperium* do Estado.[31]

Dito isso, fica evidente que o Princípio Constitucional da Cooperação Tributária se insere na categoria de *status positivo* na relação do contribuinte com o ente estatal. Isso porque cria em seu favor um direito subjetivo de exigir que a elaboração e a interpretação das normas se realizem de forma a assegurar e *preferir* um ambiente colaborativo, que priorize a eficiência e a economicidade, por um lado, e dê preferência às soluções e alternativas menos propensas à geração de conflito, por outro.

### 1.1.1. ÂMBITO DE PROTEÇÃO DOS DIREITOS FUNDAMENTAIS: PERSPECTIVAS DOGMÁTICAS

A compreensão constitucionalmente adequada dos direitos fundamentais em matéria tributária pode partir de diferentes perspectivas dogmáticas. Para fins didáticos e considerando o objeto a ser explorado neste texto, será

---

[31] JELLINEK, Georg. Op. cit. p. 98.

aqui destacada a aproximação desenvolvida por Konrad Hesse num texto clássico do direito constitucional alemão, originalmente publicado em 1978, intitulado "*O significado dos direitos fundamentais*", o qual tem repercussão na doutrina brasileira e na jurisprudência do Supremo Tribunal Federal.

Hesse inicia esse importante estudo afirmando que o âmbito de proteção de um direito fundamental varia no tempo e no espaço, dependendo de condições que se modificam de acordo com esses dois referenciais.

> O âmbito de proteção de um direito fundamental se concretiza em atenção às condições sociais dadas e, por conseguinte, um câmbio nessas condições não pode ficar sem consequência relativamente a esse mesmo âmbito de proteção.[32]

Ou seja, existe uma proteção em "*condições normais de temperatura e pressão*" e outra quando alteradas essas condições. Há, desse modo, uma dinâmica na interpretação e na aplicação dos direitos fundamentais que permite sua adaptação a múltiplas realidades.

É óbvio que existe um conteúdo essencial, cuja restrição implica a erosão da garantia constitucional como um todo, mas – respeitado esse núcleo e observado o princípio da proporcionalidade – âmbitos distintos de proteção podem ser concretizados.[33]

Seguindo, Hesse expõe quatro dimensões em que se apresentam, no ordenamento jurídico, os direitos fundamentais. Em primeiro lugar, uma dimensão subjetiva, em que

---

[32] HESSE, Konrad. **Escritos de derecho constitucional**. Trad. de Pedro Cruz Villalón e Miguel A. Sánchez, Madrid: Centro de Estudios Políticos y Constitucionales, 2011, p. 155.

[33] Idem, ibidem.

esses direitos asseguram a seus titulares posições juridicamente protegidas, especialmente contra intervenções estatais indevidas. Em síntese, os direitos fundamentais operariam como defesas frente ao Estado.[34]

Depois, menciona a dimensão objetiva dos direitos fundamentais, representada pela ordem de valores que deles decorre, formando o que denomina de *"princípios básicos do ordenamento"*.[35] Nessa linha, cara à doutrina alemã do direito constitucional, Pieroth e Schlink ressaltam que o Estado se torna responsável por esta ordem de valores da comunidade, reconhecendo *"funções suplementares jurídico-fundamentais que vão para além das funções jurídicas de direito de defesa"*.[36]

Ademais, reforça Hesse, por meio dessa dimensão objetiva, os direitos fundamentais são vetores hermenêuticos que informam a interpretação dos demais ramos do direito, iluminando o labor construtivo da jurisprudência.[37] Por tal razão, é possível afirmar que, *"na retrospectiva sobre a evolução da jurisprudência do Tribunal Constitucional Federal [alemão], a função jurídico-objetiva dos direitos fundamentais revela-se como uma parteira de novos direitos subjetivos"*.[38]

À luz dessas duas dimensões é que podemos posicionar o Princípio da Cooperação. Por um lado, como um vetor hermenêutico que orienta de forma cogente a atua-

---

[34] HESSE, Konrad. Op. cit. p. 156.

[35] HESSE, Konrad. Op. cit. p. 157.

[36] PIEROTH, Bodo e SCHLINK, Bernhard. **Direitos fundamentais**. Trad. de António Francisco de Sousa e António Franco, São Paulo: Saraiva, 2012, p. 68.

[37] HESSE, Konrad. Op. cit. p. 158.

[38] PIEROTH, Bodo e SCHLINK, Bernhard. Op. cit. p. 71.

ção dos Poderes Legislativo, Executivo e Judiciário, no exercício de suas atribuições, para que prestigiem a colaboração em detrimento da burocracia e do excesso de formalismo, bem como para que optem pelas soluções que garantam a conciliação e minimizem o risco de contestação. Ao mesmo tempo, funcionando também como um direito de defesa do contribuinte perante o Estado, dentro da noção tradicional dos direitos fundamentais do contribuinte, o Princípio da Cooperação permite aos sujeitos passivos se oporem legitimamente às normas e interpretações que agridam e comprometam em algum grau a garantia constitucional.

Mas, além dessas óticas, o autor anota que os direitos fundamentais podem ser encarados como uma pretensão que seus titulares têm de participar nas prestações estatais, no âmbito da qual se insere toda a discussão, por exemplo, dos direitos sociais. Como registra Hesse, essa dimensão específica dos direitos fundamentais se traduz no poder de exigir do Estado uma ação positiva, uma determinada atuação:[39]

> A produção direta de obrigações estatais concretas ou exigíveis, derivadas dos direitos fundamentais, é decidida no âmbito da política que executa a Constituição – controlada jurisdicionalmente – e, portanto, no âmbito da formulação da vontade parlamentar, parte essencial de uma ordem democrática aberta.[40]

E, por fim, Hesse menciona a dimensão relacionada à organização e aos procedimentos de garantia dos direitos fundamentais. Em outras palavras, o autor cuida da "*disposição de formas organizativas e regras de procedimento para que a situação jurídica normatizada pelo direito funda-*

---

[39] HESSE, Konrad. Op. cit. p. 161.
[40] HESSE, Konrad. Op. cit. p. 162-163.

*mental se converta numa realidade*".[41] Direitos fundamentais exigem institutos e procedimentos que lhes deem eficácia, como se pode verificar, por exemplo, em tantos casos em que a instituição de uma tutela jurisdicional expedita se impõe como medida imprescindível para a efetividade da garantia constitucional.[42]

Todas essas dimensões acima sintetizadas são plenamente verificáveis no campo dos direitos fundamentais em matéria tributária, especialmente quando considerado o princípio da cooperação.

De início, enquanto direito de defesa frente ao Estado, não se configura – aqui – somente um novo elemento no conjunto de proteção do contribuinte frente ao poder de tributar do Estado: o princípio da cooperação tributária vai além, acarreta muito mais do que a imposição de simples óbices à atuação estatal enquanto exercente da competência fiscal. Na verdade, o princípio da cooperação tributária impõe uma reordenação global das relações entre o Estado e o contribuinte, agregando-os na busca, em seu máximo grau, de seus interesses comuns, ainda que aparentemente antagônicos.

Cooperação significa, enquanto princípio tributário dotado de jusfundamentalidade, um esforço conjunto naquilo em que fisco e contribuinte têm em comum, pois participam por igual de um processo constitucionalmente consagrado de valorização da dignidade da pessoa humana e dos valores sociais do trabalho e da livre iniciativa, ambos fundamentos do Estado democrático de direito brasileiro na forma dos incisos III e IV do *caput* do art. 1º da Constituição de 1988.

---

41 HESSE, Konrad. Op. cit. p. 164.
42 HESSE, Konrad. Op. cit. p. 168.

A afirmação do parágrafo anterior fica mais evidente quando se parte de algumas premissas básicas da Teoria Geral do Estado e do direito constitucional moderno. Inicialmente, é de se reconhecer a natureza artificial do Estado: é ele constituído por uma decisão política, orientada a determinados objetivos – que fixam sua utilidade, ou seja, respondem à pergunta "para que serve o Estado?" – e informada por certos valores, os quais acabam também pode definir a posição dos indivíduos frente a essa ação estatal.

No Brasil, é possível afirmar – partindo-se de uma redução didática – que o Estado existe para satisfazer os objetivos descritos no art. 3º da Constituição, sob influxo dos fundamentos constantes dos incisos do *caput* de seu art. 1º. Nesse contexto, é possível dizer que toda ação tributária do Estado brasileiro deve estar voltada à consecução de recursos dirigidos à concretização de um desses objetivos, bem como deve ser inspirada por um dos valores arrolados como fundamentos da organização estatal.

Assim, por exemplo, para satisfazer a dignidade da pessoa humana, a Constituição, entre outros preceitos, garante a liberdade de empresa, a liberdade de profissão, a proteção à propriedade, etc. A pessoa humana, individual ou coletivamente, pode desenvolver atividades econômicas, pode acumular propriedade, pode, enfim, desenvolver diferentes atividades que, de acordo com a ordem econômica e com a ordem social inscritas na Constituição, contribuam para seu desenvolvimento e realização.

Tais atividades podem muito bem ser objeto de tributação, podem submeter-se ao poder do Estado enquanto ente arrecadador de recursos voltados a consecução de seus fins. Esses fins, porém, não são dissociados dos mesmos interesses que movem a ação da pessoa humana na busca de sua realização. Muito antes pelo contrário, são fins comuns: o mesmo Estado que tributa a propriedade é chamado a protegê-la enquanto elemento que satisfaz necessidades da pessoa humana.

Desse modo, a cooperação, enquanto princípio do sistema tributário nacional e enquanto direito fundamental, acaba por conectar essas posições aparentemente antagônicas por meio de sua axiologia e de sua teleologia comuns.

O princípio da cooperação tributária consubstancia, portanto, um direito público subjetivo, de natureza fundamental, que permite ao indivíduo – ou aos grupos de indivíduos – exigir do Estado que, no exercício de suas competências tributárias, respeite ao máximo os interesses juridicamente relevantes que, amparados pela Constituição, motivaram suas ações, considerando que tais ações visam a realizar concretamente a dignidade da pessoa humana; dignidade essa que é um dos fundamentos do próprio Estado.

Cooperação tributária, como direito de defesa ante o poder público, a dimensão subjetiva do direito fundamental, implica a compreensão de que toda a operação tributária afeta uma dimensão da dignidade humana, que é também fundamento do Estado; de modo que a relação de tributação deve se desenrolar de maneira a satisfazer, no maior grau possível, os interesses do contribuinte, enquanto titular de posições legítimas, e os interesses dos entes estatais, na busca de recursos para a satisfação do interesse público que lhe foi constitucionalmente cometido.

A dimensão objetiva, por sua vez, é representada pela ordem valorativa que orienta o sistema tributário nacional como um todo; ordem essa da qual o novo § 3º do art. 145 da Constituição Federal é certamente uma das normas mais significativas e abrangentes, no que compreende – entre outros referenciais axiológicos – a ideia de cooperação. Com efeito, o dispositivo em questão associa a atividade tributária do Estado brasileiro a um conjunto de valores por demais significativos, submetendo-a a postulados de simplicidade, transparência, justiça tributária, cooperação e defesa do meio ambiente.

Essa ordem objetiva de valores se projeta sobre o ordenamento jurídico-tributário como um todo, irradiando, como antes visto, uma eficácia que molda o direito como um todo à ideia de cooperação.

Essa irradiação de efeitos sobre o conjunto das normas tributárias gera eficácias positivas e negativas. Positivas, por exemplo, no sentido da reorientação da hermenêutica e da interpretação das normas, que com o advento do novo princípio do sistema tributário nacional, deverão ser lidas e aplicadas sob a ótica da cooperação.

Tal visão permite, inclusive, que o postulado da cooperação transcenda a relação ordinariamente associada aos direitos fundamentais, qual seja, a relação das pessoas naturais e coletivas com o Estado. Ainda que pessoas naturais e coletivas sejam os titulares do direito fundamental à cooperação tributária, sendo ele também um elemento da ordem objetiva de valores consagrada na Constituição, seus efeitos acabam por influenciar no modo como as normas que regem as relações entre os entes públicos são pautadas.

No contexto de um Estado federado, como o Brasil, por exemplo, são inúmeras as questões em que entes estatais de diferentes níveis federativos são chamados a atuar conjuntamente em busca de seus interesses. Numa leitura meramente subjetiva da cooperação como direito fundamental, tais entes não seriam, na linha da doutrina majoritária, titulares de um direito fundamental dessa natureza. Todavia, sendo ele um vetor hermenêutico que informa a aplicação das normas sobre a federação brasileira, seu impacto nas relações entre os entes federados em matéria tributária fica evidente, dando uma nova dimensão à *Bundestreu* brasileira.[43] É dizer: os entes federativos devem cooperar para atuação, de maneira coordenada, na atribuição de tratamentos tributários sincronizados para a mesma situação concreta, um vez que a sua descoordenação prejudica o bom funcionamento do Sistema Tributário, pode causar dano ao contribuinte – ainda que de maneira implícita, na insegurança jurídica – e viola, então, o Princípio da Cooperação Tributária.

Por outro lado, reconhecer a cooperação tributária como elemento da ordem objetiva de valores do ordenamento jurídico como um todo outorga-lhe, igualmente, uma eficácia normativa. Ou seja, a eficácia de retirar do ordenamento jurídico toda e qualquer norma ou interpretação que lhe seja contrária, que com ela – cooperação – não esteja em harmonia. Isso gera, por exemplo, na perspectiva do direito constitucional intertemporal, a conclusão no sentido da não-recepção – ou revogação – das normas

---

[43] Nas palavras do Min. Alexandre de Moraes, no voto condutor do acórdão da ADI – MC 6.343: "Os alemães cunharam a expressão *Bundestreu*, que pode aqui ser traduzida como 'lealdade federativa'. É preciso entender nesse sentido de que há um dever recíproco de respeito e coordenação no exercício dessas competências federativas".

que não permitam, impeçam, obstem ou embaracem a efetividade da cooperação tributária.

Vale dizer que a compreensão dos direitos fundamentais na dimensão de "participação nas prestações estatais" a que alude Hesse, também se faz presente no campo dos direitos fundamentais em matéria fiscal, em especial no que toca à cooperação, a partir da constatação de que há obrigações exigíveis do Estado para a concretização de um sistema tributário cooperativo. E essa perspectiva dos direitos fundamentais em muito se aproxima da última das dimensões indicadas na sistematização de Hesse: a dimensão organizacional e procedimental, voltada à concreção da cooperação nas relações tributárias.

Somando essas duas dimensões, é possível afirmar que o Estado, enquanto fisco, tem o dever de instaurar as instâncias necessárias para que a efetiva cooperação se realize, por meio de procedimentos especialmente voltados a esse fim.

Essa orientação, ainda que não obrigatória e respaldada por mandamento constitucional, já encontrava eco na legislação tributária mesmo antes da promulgação da Emenda Constitucional nº 132/2023. Exemplo disso é a previsão, na Lei Complementar nº 190/2022, que – ao disciplinar o diferencial de alíquota do ICMS – introduziu na Lei Complementar nº 87/1996 o seguinte art. 24-A:

> Art. 24-A. Os Estados e o Distrito Federal divulgarão, em portal próprio, as informações necessárias ao cumprimento das obrigações tributárias, principais e acessórias, nas operações e prestações interestaduais, conforme o tipo.
> § 1º O portal de que trata o caput deste artigo deverá conter, inclusive:

I - a legislação aplicável à operação ou prestação específica, incluídas soluções de consulta e decisões em processo administrativo fiscal de caráter vinculante;
II - as alíquotas interestadual e interna aplicáveis à operação ou prestação;
III - as informações sobre benefícios fiscais ou financeiros e regimes especiais que possam alterar o valor a ser recolhido do imposto; e
IV - as obrigações acessórias a serem cumpridas em razão da operação ou prestação realizada.

§ 2º O portal referido no caput deste artigo conterá ferramenta que permita a apuração centralizada do imposto pelo contribuinte definido no inciso II do § 2º do art. 4º desta Lei Complementar, e a emissão das guias de recolhimento, para cada ente da Federação, da diferença entre a alíquota interna do Estado de destino e a alíquota interestadual da operação.

§ 3º Para o cumprimento da obrigação principal e da acessória disposta no § 2º deste artigo, os Estados e o Distrito Federal definirão em conjunto os critérios técnicos necessários para a integração e a unificação dos portais das respectivas secretarias de fazenda dos Estados e do Distrito Federal.

§ 4º Para a adaptação tecnológica do contribuinte, o inciso II do § 2º do art. 4º, a alínea "b" do inciso V do caput do art. 11 e o inciso XVI do caput do art. 12 desta Lei Complementar somente produzirão efeito no primeiro dia útil do terceiro mês subsequente ao da disponibilização do portal de que trata o caput deste artigo.

Em síntese muito apertada, o que esse dispositivo faz é concretizar uma instância informatizada na qual, por meio de processos de tecnologia da informação, os entes estatais competentes para tributar a circulação de mercadoria e serviços reúnem todas as informações necessárias para que o contribuinte cumpra com suas obrigações, podendo apurar de modo centralizado o imposto devido.

Trata-se de exemplo claro de uma iniciativa organizacional e procedimental voltada à racionalização da tributação, por meio da qual o Estado coopera com o contribuinte, dando-lhe condições ótimas para a observância de seu dever de pagar impostos.

A dificuldade verificada até o presente momento na implantação do portal a que se refere o art. 24-A demonstra os prejuízos que podem decorrer de uma gestão tributária que não busca a cooperação, dificultando ao extremo o recolhimento do tributo por parte dos contribuintes, sendo de se esperar que – com a constitucionalização do princípio da cooperação – a intepretação dada a essa norma promova sua máxima efetividade.

# 2.
# VETOR HERMENÊUTICO

É bastante comum no cotidiano tributário depararmo-nos com situações em que, diante de uma dada circunstância verificada no curso de uma fiscalização, o auditor tenha a sua frente mais de um caminho a seguir para cobrar o tributo devido e aplicar a respectiva penalidade. Pode fundamentar seu auto de infração na norma "a" ou "b", a depender do seu racional de subsunção. O auditor, então, toma a decisão consciente de escolher a alternativa que lhe pareça pertinente e lavra o auto. E, não raro, tal escolha implica gigantescas diferenças no tributo a recolher ou na penalidade aplicável, ainda que se esteja diante de uma mesma e única conduta do contribuinte.

O Princípio da Cooperação Tributária, no entanto, demanda ao intérprete a adoção da solução menos conflituosa, menos danosa. Cooperar implica escolher a alternativa com menor potencial litigioso, ou seja, de menor probabilidade de contestação administrativa ou judicial, e que propicie maior possibilidade de conciliação de interesses, inclusive via pagamento, parcelamento ou transação.

Dar aplicação ao Princípio da Cooperação significa buscar pontos de convergência ou, sendo a divergência incontornável (diante de uma inconformidade/irregularidade), adotar medidas que minimizem os pontos de divergência, de modo a possibilitar a rápida conciliação de interesses e a retomada das relações normalizadas, visando à continuidade e à perpetuidade. O contencioso há de ser entendido como intercorrência a ser evitada ao máximo, por gerar custo, desconfiança e ineficiência. E a geração de um maior nível de atrito onde pode haver menos opõe-se ao Princípio Cooperativo, por ocasionar fricção desnecessária e contrária à garantia constitucional. Inclusive porque, naturalmente, esta será a solução alinhada com os demais princípios que já embasavam o reconhecimento implícito do Princípio da Cooperação (estímulo à atividade produtiva, à garantia do pleno emprego e ao desenvolvimento nacional).

### 2.1. O PRINCÍPIO DA COOPERAÇÃO E A EFICÁCIA DO PRINCÍPIO *IN DUBIO PRO REO*

Veja-se que, se a priorização do entendimento mais favorável ao contribuinte, no que diz respeito às multas, já era mandatória em face do art. 112 do CTN, não havia princípio ou norma expressa que orientasse o intérprete relativamente ao próprio processo hermenêutico de subsunção do direito material tributário em si.

Não havia baliza para orientar o auditor na escolha do enquadramento da obrigação principal, o que ocasionava, frequentemente, a escolha de opções mais gravosas. E o princípio da cooperação, agora positivado como garantia geral do Sistema Tributário, resolve a questão, impedindo a adoção de posturas dos agentes envolvidos nesse Sistema (contribuintes, Poder Executivo, Poder Judiciário e Poder Legislativo) que mitiguem, de maneira imotivada ou fundada em motivos ilegítimos, a eficácia do fim (cooperação) protegido por esse princípio.

Como dito, diante de duas ou mais opções possíveis, não pode o auditor optar por aquela mais geradora de conflito, dano e contencioso, com menor potencial de conciliação ou pagamento, maior geração de atrito e desconfiança e, no longo prazo, enorme tendência a gerar um afastamento das partes. Afinal, é natural que quanto maior a litigiosidade, menor seja o grau de transparência e confiança, maior seja a tendência a se proceder de forma mais ardilosa (de parte a parte) ou agressiva (de parte a parte). Os esforços, então, do fisco e do contribuinte voltam-se à autoproteção e a gerir infindáveis conflitos, deixando de focar no desenvolvimento da atividade produtiva que poderia gerar maiores resultados com menores custos de estrutura (de parte a parte). Em um ambiente conflituoso, é comum que os dois lados busquem se "compensar" por excessos cometidos por seu *ex adverso*, gerando um conflito perpétuo, com perdas recíprocas.

Além disso, a postura que promove a cooperação é incompatível (i) com a ideia de que seria mandatória a busca pela maior arrecadação a todo custo e (ii) com a ideia de que caberia, sempre, cobrar o máximo possível, sob pena de responsabilidade funcional. Essas duas ideias devem ser afastadas do ordenamento jurídico por força do Princípio da Cooperação Tributária. De acordo com esse princípio, cabe às autoridades fiscais aplicarem a lei de maneira cooperativa, isto é, respeitando as particularidades dos contribuintes à luz da eficiência e buscando a menor onerosidade possível dentro dos limites da lei. De outro lado, cabe ao contribuinte adotar uma postura de cooperação, isto é, ser o mais transparente possível em face do fisco, de maneira célere e eficiente.

O Princípio da Cooperação Tributária promove um redesenho das posturas admitidas por parte do fisco e do contribuinte para que seja mandatória a observância da boa-fé dentro dos limites da legalidade, inclusive para que seja admitida a busca pela menor onerosidade fiscal.

### 2.2. O IMPACTO DO PRINCÍPIO DA COOPERAÇÃO NA LEI DA LIBERDADE ECONÔMICA

O impacto do Princípio da Cooperação em relação à Lei nº 13.874, de 20 de setembro de 2019, a chamada Lei da Liberdade Econômica, é notável e repleto de consequências práticas. Isso porque essa lei apresenta uma série de boas práticas a serem adotadas pelo Estado, no âmbito federal, cuja implementação poderia promover a cooperação.

No entanto, a própria Lei nº 13.874/2019, em seu art. 1º, §3º, estabelece que ela não tem aplicação no direito tributário e no direito financeiro, o que impede a sua eficácia para dar maior efetividade à cooperação em matéria tributária.

Agora, com a positivação do Princípio da Cooperação no texto constitucional, resta examinar se o art. 1º, §3º, da Lei nº 13.874/2019, continua em vigor. Vale dizer: cabe analisar se a inclusão do Princípio da Cooperação Tributária no texto constitucional teria revogado tacitamente o dispositivo que proíbe a aplicação da Lei da Liberdade Econômica em matéria tributária. A nosso ver, o art. 1º, §3º, da Lei nº 13.874/2019 foi tacitamente revogado.

Embora algumas questões relativas à liberdade econômica não tenham plena identidade com os assuntos afeitos à cooperação, existe uma zona de sobreposição clara, sobretudo no que se refere ao pressuposto de boa-fé dos particulares.

Trata-se de uma revogação tácita do §3º do art. 1º da Lei da Liberdade Econômica por norma posterior, de hierarquia superior e que contém disposição contrária (texto constitucional que exige a aplicação do Princípio da Cooperação Tributária). Nesse ponto, deve ser observada a Lei de Introdução ao Direito Brasileiro (Decreto-lei nº 4.657, de 04.09.1942), que, em seu art. 2º, §1º, prevê que "[a] *lei posterior revoga a anterior quando expressamente o declare, quando seja com ela incompatível ou quando regule inteiramente a matéria de que tratava a lei anterior*".

Há uma incompatibilidade entre a vedação à aplicação dos direitos e garantias que promovem a cooperação em matéria tributária (tal como aqueles previstos na Lei da Liberdade Econômica) e o princípio constitucional que define que todo o Sistema Tributário deve ser orientado pela cooperação. O art. 1º, §3º, da Lei nº 13.874/2019, portanto, não pode sobreviver.

Essa conclusão fica ainda mais clara ao se examinar o texto da Lei da Liberdade Econômica, uma vez que essa análise permite constatar o tamanho potencial das suas regras e princípios para a promoção da cooperação tributária.

O art. 2º da Lei da Liberdade Econômica estabelece como princípios "*a liberdade como uma garantia no exercício de atividades econômicas*", "*a boa-fé do particular perante o poder público*", "*a intervenção subsidiária e excepcional do Estado sobre o exercício de atividades econômicas*", e "*o reconhecimento da vulnerabilidade do particular perante o Estado*", *diferenciando, inclusive, os particulares que praticam "má-fé, hipersuficiência ou reincidência*".

Esses princípios se alinham com o Princípio da Cooperação, na medida em que afastam a premissa de que o particular/contribuinte seria um adversário do Estado, que busca praticar, sempre, atos em seu benefício em detrimento da sociedade. Pelo contrário, a Lei fixa o pressuposto de que o particular/contribuinte age de boa-fé até que se prove o contrário, deixando de lado a ideia de que os atos administrativos gozam, sempre, de presunção de veracidade e regularidade.

O art. 3º, inciso V, da Lei da Liberdade Econômica deixa claro e expresso o direito à "*presunção de boa-fé nos atos praticados no exercício da atividade econômica, para os quais as dúvidas de interpretação do direito civil, empresarial, econômico e urbanístico serão resolvidas de forma a preservar a autonomia privada*", ressalvada a existência de uma lei em contrário.

Essa presunção de boa-fé se associa com a proteção do particular contra a eventual demora por parte do Estado, no inciso IX do art. 3º da Lei da Liberdade Econômica, ao garantir que os pedidos dos particulares voltados à liberação da atividade econômica serão tacitamente aprovados caso a autoridade administrativa não dê uma resposta em determinado prazo.

Esse aspecto é relevante, na medida em que a cooperação entre fisco e contribuinte deve estar pautada também pela compreensão de um senso de urgência na prática de certos atos, tais como a autorização da própria atividade empresarial. A eficácia do Princípio da Cooperação, nesse particular, daria fundamentação, por exemplo, para o afastamento de atos da Administração Tributária que condicionam a emissão de notas fiscais à regularidade fiscal[44].

Ainda no campo da interrelação da cooperação e da boa-fé, vale notar que a Lei da Liberdade Econômica promoveu alterações importantes no Código Civil. Dentre elas, destaca-se a inclusão do §1º no art. 113 do referido Código, para determinar que [a] interpretação do negócio jurídico deve lhe atribuir o sentido que corresponder aos "usos, costumes e práticas do mercado relativas ao tipo de negócio" (inciso II) e "*à boa-fé*" (inciso III). Essa alteração tem especial importância em matéria de qualificação dos atos e negócios jurídicos para fins fiscais, de modo a dar maior prevalência para a boa-fé dos particulares e para as especificidades de cada negócio.

---

[44] A título ilustrativo, confira-se o art. 20, III, da Lei Complementar nº 130/2018, do Estado de São Paulo:

"Artigo 19 - Ficará sujeito a regime especial para cumprimento das obrigações tributárias, na forma e condições previstas em regulamento, o devedor contumaz, assim considerado o sujeito passivo que se enquadrar em pelo menos uma das situações:

(…)

Artigo 20 - O regime especial de que trata o artigo 19 poderá consistir, isolada ou cumulativamente, nas seguintes medidas:

(…)

III - autorização prévia e individual para emissão e escrituração de documentos fiscais;"

Aplicando-se a Lei da Liberdade Econômica, por força da positivação do Princípio da Cooperação Tributária, cabe às autoridades fiscais respeitar as práticas de mercado de cada tipo de negócio sob o pressuposto de prevalência da boa-fé do contribuinte.

Essa percepção é confirmada, aliás, na modificação feita no art. 421 do Código Civil pela Lei da Liberdade Econômica[45]. Ao dar nova redação a esse dispositivo que versa sobre a função social do contrato, o legislador buscou restringir a imposição de funções ao contrato a partir da revisão por terceiros. Essa é a lição de Gustavo Tepedino sobre o tema:

> A Lei nº 13.874/2019 modificou o caput do art. 421 do Código Civil, para alterar a expressão 'liberdade de contratar' para 'liberdade contratual' e, ainda, para excluir a previsão de que a liberdade de contratar será exercida 'em razão' da função social, mantendo-se a previsão de tal exercício 'nos limites' da função social. Inseriu-se, ainda, parágrafo único, que dispõe: 'Nas relações contratuais privadas, prevalecerão o princípio da intervenção mínima e a excepcionalidade da revisão contratual. **Mais uma vez, o intuito do legislador parece ter sido manter o contrato incólume de valoração que não aquela conferida pelas próprias partes**. Procurou-se afastar do fundamento da liberdade de contratar a função social, deixando-a somente como limite externo a não ser transposto" (grifou-se.)[46]

---

[45] Código Civil. Redação anterior: "Art. 421. A liberdade de contratar será exercida em razão e nos limites da função social do contrato.". Nova redação: "Art. 421. A liberdade contratual será exercida nos limites da função social do contrato. (Redação dada pela Lei nº 13.874, de 2019). Parágrafo único. Nas relações contratuais privadas, prevalecerão o princípio da intervenção mínima e a excepcionalidade da revisão contratual. (Incluído pela Lei nº 13.874, de 2019)"

[46] TEPEDINO, Gustavo; CAVALCANTI, Laís. Notas sobre as alterações promovidas pela Lei nº 13.874/2019 nos artigos 50, 113 e 421 do Código Civil. In: SALOMÃO, Luis Felipe; CUEVA, Ricardo Villas Boas;

Essa modificação reforça a liberdade das partes – em matéria tributária, dos contribuintes – para atribuir sentido e interpretação aos seus contratos, sem a intervenção do Estado. Com isso e ao lado do status constitucional do Princípio da Cooperação Tributária, deve ser exigido do fisco um ônus argumentativo ainda maior para fins da valoração da validade dos atos e negócios jurídicos praticados pelos contribuintes.

A "abstração" de validade dos atos praticados pelos contribuintes, como previsto no art. 118, I, do CTN, passa a ter um novo colorido, em razão do aumento do ônus argumentativo para o fisco para fins da demonstração de fundamentos que justifiquem a superação do pressuposto de boa-fé, por ocasião da requalificação dos contratos celebrados pelos contribuintes.

Ademais, o art. 4º da Lei da Liberdade Econômica define uma série de garantias à livre iniciativa, que igualmente podem ter reverberações relevantes em matéria tributária. Por exemplo, o inciso III do referido art. 4º proíbe a Administração de *"exigir especificação técnica que não seja necessária para atingir o fim desejado"*, o que será pertinente, por exemplo, para os procedimentos de classificação fiscal, muitas vezes pautados por uma série de exigências técnicas desprovidas de sentido e desconectados da finalidade classificatória.

Igualmente oportuna é a disciplina dada no art. 4º-A dessa Lei, para a *"lavratura de autos de infração"* ou a aplicação de *"sanções com base em termos subjetivos ou abstratos somente quando estes forem propriamente regu-*

---

FRAZÃO, Ana (coord.). Lei de Liberdade Econômica e seus impactos no Direito Brasileiro. São Paulo: Revista dos Tribunais, 2020. p. 487-513 (501).

*lamentados por meio de critérios claros, objetivos e previsíveis*". Exige-se aqui a adoção de uma postura que coopere para a promoção da legalidade material e da redução da indeterminação em matéria tributária[47].

Esse último aspecto nos permite uma análise, inclusive, da aplicação do Princípio da Cooperação Tributária em matéria de planejamento tributário, campo em que comumente o fisco autua os contribuintes com base em critérios obscuros, subjetivos, imprevisíveis e desprovidos de base legal.

### 2.3. O IMPACTO DO PRINCÍPIO DA COOPERAÇÃO EM MATÉRIA DE PLANEJAMENTO TRIBUTÁRIO

O Princípio da Cooperação Tributária tem impactos importantes em matéria de planejamento tributário.

Os limites do planejamento tributário no Brasil são pautados pelo conceito de simulação, como previsto no art. 149, VII, do Código Tributário Nacional. Dada a ausência, no âmbito nacional, de uma disciplina normativa para o conceito de simulação no Direito Tributário, aplicam-se, conforme o art. 109 do Código Tributário Nacional (que estabelece uma relação de subsidiariedade entre as normas do Direito Privado em relação às questões não re-

---

[47] ÁVILA, Humberto. Teoria da Indeterminação no Direito: entre a indeterminação aparente e a determinação latente. São Paulo: Malheiros, Juspodivm, 2022; ÁVILA, Humberto. Legalidade Tributária Material: conteúdo, critérios e medida do dever de determinação. São Paulo: Malheiros, Juspodivm, 2022.

gulamentadas nas normas tributárias), as disposições do art. 167, do Código Civil [48].

Portanto, os limites da liberdade do contribuinte em matéria de redução de carga tributária são definidos, no Brasil, a partir do conceito do Direito Privado de simulação, que, por sua vez, se funda em três hipóteses de inverdade: (i) inverdade quanto às pessoas envolvidas no conferimento ou transmissão de direito; (ii) inverdade quanto à declaração ou cláusula contratual; e (iii) inverdade quanto à data indicada em instrumentos contratuais, de acordo com a nossa interpretação do art. 167, § 1º, do Código Civil[49].

De outro lado, o *caput* do art. 167 adota o conceito de "substância" para validar os efeitos de atos praticados quando há uma dissimulação (simulação relativa), sem prever critérios para definir o que significa "substância".

Depois do julgamento da ADI 2446 pelo Supremo Tribunal Federal, resta confirmado o entendimento de que não há, no Brasil, uma regra geral antielisão (as chamadas GAARs – *General Anti-Avoidance Rules*), de modo que o parágrafo único do art. 116 do Código Tributário Nacio-

---

[48] ANDRADE, Leonardo Aguirra de. A simulação, o vício de causa e os elementos essenciais dos negócios jurídicos como critérios para delimitação do direito ao planejamento tributário no Brasil. In: MARINHO NETO, José Antonino (Org.); LOBATO, Valter de Souza (Coord.). *Planejamento Tributário: pressupostos teóricos e aplicação prática*. Belo Horizonte: Fórum, 2021. p. 51-73.

[49] Código Civil. "Art. 167. É nulo o negócio jurídico simulado, mas subsistirá o que se dissimulou, se válido for na substância e na forma. § 1º. Haverá simulação nos negócios jurídicos quando: I - aparentarem conferir ou transmitir direitos a pessoas diversas daquelas às quais realmente se conferem, ou transmitem; II - contiverem declaração, confissão, condição ou cláusula não verdadeira; III – os instrumentos particulares forem antedatados, ou pós-datados."

nal somente pode ser aplicado para o combate de atos caracterizados como evasão tributária[50]. Com efeito, também se confirma que o conceito de simulação, enquanto limite para a liberdade do contribuinte para fins da realização de planejamentos tributários, não tem a extensão suficiente para dar suporte para os conceitos estrangeiros de *business purpose* (Estados Unidos), abuso do direito (França), abuso de forma (Alemanha) e fraude à lei (Espanha)[51].

A unicidade e restritividade do conceito de simulação, para fins da delimitação do direito ao planejamento tributário, todavia, não afasta a relevância e a pertinência da qualificação jurídica dos atos e negócios jurídicos praticados pelos contribuintes conforme o Direito Privado, tais como a exigência de veracidade (boa-fé) e de consistência com os fins econômicos e sociais dos direitos exercidos (art. 187 do Código Civil), bem como os critérios relativos à causa dos negócios jurídicos (arts. 112, 138, 140, 166, 170 e 421 do Código Civil).

É nesse particular que o Princípio da Cooperação Tributária tem um papel fundamental.

De um lado, os contribuintes devem revelar as informações suficientes para compreensão integral das "situações de fato" pertinentes aos fatos geradores de tributos. De outro lado, as autoridades fiscais devem respeitar as "*liberdades contratuais de causa e forma*"[52], para fins da re-

---

[50] Supremo Tribunal Federal, Ação Direta de Inconstitucional nº 2446, Plenário, Relatora Ministra Cármen Lúcia, julgado em 11.04.2022.

[51] ANDRADE, Leonardo Aguirra de. *Planejamento Tributário*. São Paulo: Quartier Latin, 2016, p. 301-303.

[52] TÔRRES, Heleno Taveira. *Direito tributário e direito privado: autonomia privada, simulação, elusão tributária*. São Paulo: RT, 2003. p. 85-93.

qualificação, com base no art. 118, I, do CTN, da materialidade concreta em relação aos fatos geradores vinculados a "*situações de fato*" (art. 116, I, do CTN), em busca da verdade material[53].

Nesse particular, o Princípio da Cooperação Tributária exige que fisco e contribuinte devem cooperar para duas comprovações: (i) a demonstração da regularidade ou da irregularidade nas formas adotadas pelo contribuinte, bem como (ii) a demonstração da realidade concreta, se passível de tributação, que fora revestida por aquelas formas jurídicas.

O pressuposto que deve prevalecer é o da boa-fé do contribuinte, inclusive com base na Lei da Liberdade Econômica, agora, aplicável em matéria tributária. Ou seja, se o fisco não comprovar uma irregularidade ou a realidade concreta com fatos tributáveis, deve prevalecer a posição sustentada pelo contribuinte.

De outro lado, deve ser empregado o art. 4º-A da Lei da Liberdade Econômica para afastar autos de infração lavrados com base em critérios que não sejam "*claros, objetivos e previsíveis*". Esse aspecto é relevante, por exemplo, para o tratamento dado aos planejamentos tributários envolvendo ágio, que comumente são julgados pelo Conselho Administrativo de Recursos Fiscais de acordo com os parâmetros e critérios que não têm previsão em lei, o que majora a insegurança jurídica nesse tema[54].

---

53 SCHOUERI, Luís Eduardo. Planejamento tributário: limites à norma antiabuso. *Revista direito tributário atual* v. 24, 2010, pp. 245-370 (358).

54 SCHOUERI, Luís Eduardo; GALENDI JUNIOR, Ricardo. As Vicissitudes do Tratamento do Ágio na Jurisprudência Administrativa. In: DANTAS, José André Wanderei; ROSENBLATT, Paulo. *Direito Tributário – Os 30 anos do sistema tributário nacional na constituição – estudos em*

Nesse cenário, o Princípio da Cooperação Tributária deve ser aplicado nos casos envolvendo planejamento tributário para promover uma alteração institucional significativa, o que perpassa, dentre outros:

**i.** assegurar a aplicação das regras positivas, afastando critérios e parâmetros não previstos em lei. Caso a Administração Tributária, incluindo os Tribunais Administrativos, decidam aplicar critérios construídos a partir da atividade hermenêutica, esses critérios devem ser empregados apenas para casos futuros. Com isso, o art. 105 do CTN, segundo o qual a legislação tributária, como regra, aplica-se para o futuro para a abranger também critérios jurisprudenciais;

**ii.** estender o alcance do art. 100 do CTN, de modo a abarcar também o entendimento da jurisprudência administrativa, a fim de proteger a legítima expectativa do contribuinte que realizou o seu planejamento tributário com base em precedentes dos Tribunais Administrativos. Com efeito, nessa hipótese, deve ser afastada a aplicação de multa, por força do parágrafo único do art. 100;

**iii.** oportunizar aos contribuintes a realização de acordos de planejamento tributário, prefixando os critérios jurídicos a serem empregados no futuro quando da realização dos fatos geradores de tributos, assegurando a imutabilidade, por determinado prazo, do tratamento tributário admitido pelo fisco se mantidas circunstâncias fáticas consideradas no acordo. Trata-se da adoção no Brasil de uma espécie de *advance tax ruling* já experimentado em alguns países para

---

homenagem a Ricardo Lobo Torres. Recife: Ed. dos Organizadores, 2018, v. 1, p. 341-377.

garantir maior segurança jurídica para os contribuintes e para o fisco. Nesse procedimento, devem ser estruturados mecanismos de incentivos para os contribuintes revelarem, em tempo curto, informações pertinentes e úteis para a fiscalização em relação a temas sensíveis à Administração Tributária. Aplica-se aqui a lógica de troca entre contribuinte e fisco, tendo como moeda para cada lado a maior segurança jurídica (para o contribuinte) e o acesso (pelo fisco) a informações importantes em tempo adequado[55];

iv. afastar e impedir a aplicação de multas qualificadas ou majoradas, sob o argumento de que o contribuinte teria praticado uma conduta dolosa, nos casos envolvendo planejamento tributário que já tenha sido validado pela Administração Tributária;

v. prevalecer o pressuposto de boa-fé e regularidade dos atos praticados pelos contribuintes em matéria de planejamento tributário, o qual poderá ser afastado pelo fisco, caso seja apresentado um farto conjunto probatório demonstrativo da irregularidade das formas jurídicas adotadas e da realidade a elas subjacentes com fatos geradores tributáveis.

Tais sugestões de alteração institucional, não exaustivas, e sim meramente ilustrativas, decorrem da eficácia do Princípio da Cooperação Tributária.

---

[55] ANDRADE, Leonardo Aguirra de. Acordo de Planejamento Tributário. São Paulo: Quartier Latin, 2019.

## 2.4. A ORIENTAÇÃO RAZOÁVEL E O PRINCÍPIO DA COOPERAÇÃO

Em sintonia com o quanto exposto nos itens anteriores, temos que toda vez que o contribuinte pautar sua atuação baseado em precedente administrativo ou judicial, sua hermenêutica há de ser entendida como razoável, eis que baseada em uma interpretação possível da norma.

A interpretação razoável de determinada norma não pode dar ensejo à aplicação de sanção, que há de ser afastada pela autoridade administrativa ou judicial, independentemente de sua concordância com o mérito do entendimento adotado. É que se a norma comportava múltiplas interpretações – o que se comprova pelo mero fato de que determinados julgadores já optaram pelo mesmo entendimento – o fato não há de ser considerado punível, posto que o espectro hermenêutico admitia sua qualificação como lícito.

O princípio da cooperação conduz ao afastamento das multas aplicadas àquele que procedeu amparado em entendimento possível. E isso independe da edição de qualquer sorte de regulamentação. Deriva diretamente da compreensão da garantia constitucional, na extensão de sua noção conceitual.

Nesse particular, o ordenamento jurídico anterior à positivação do Princípio da Cooperação Tributária já dispunha de dois dispositivos legais aplicáveis ao tema, mas cuja eficácia em matéria tributária era controversa:

> (i) o art. 24 da Lei de Introdução ao Direito Brasileiro (Decreto-lei nº 4.657, de 04.09.1942), nela incluído pela Lei nº 13.655, de 2018, determina que a revisão dos atos administrativos deve levar em consideração a jurisprudência judicial ou administrativa majoritária da época, afastando a requalificação jurídica dos atos praticados sob a vigência daquela jurisprudência e, as-

sim, resguardando a boa-fé de quem os praticou[56]. O Conselho Administrativo de Recursos Fiscais (CARF) consolidou o seu entendimento, em 2021, quando da edição da Súmula CARF nº 169, no sentido de afastar a aplicação do referido art. 24 em matéria tributária[57]; (ii) o art. 76 da Lei nº 4.502, de 30.11.1964, estabelece que é indevida a aplicação da multa contra o contribuinte que agiu em conformidade com *"decisão irrecorrível de última instância administrativa, proferida em processo fiscal"*[58]. As controvérsias aqui eram sobre a

---

[56] Lei de Introdução ao Direito Brasileiro (Decreto-lei nº 4.657, de 04.09.1942). "Art. 24. A revisão, nas esferas administrativa, controladora ou judicial, quanto à validade de ato, contrato, ajuste, processo ou norma administrativa cuja produção já se houver completado levará em conta as orientações gerais da época, sendo vedado que, com base em mudança posterior de orientação geral, se declarem inválidas situações plenamente constituídas.

Parágrafo único. Consideram-se orientações gerais as interpretações e especificações contidas em atos públicos de caráter geral ou em jurisprudência judicial ou administrativa majoritária, e ainda as adotadas por prática administrativa reiterada e de amplo conhecimento público."

[57] CARF. Súmula CARF nº 169. Aprovada pelo Pleno em sessão de 06/08/2021 – vigência em 16/08/2021

"O art. 24 do decreto-lei nº 4.657, de 1942 (LINDB), incluído pela lei nº 13.655, de 2018, não se aplica ao processo administrativo fiscal." (Vinculante, conforme Portaria ME nº 12.975, de 10/11/2021, DOU de 11/11/2021). Acórdãos Precedentes: 1402-004.202, 9101-004.217, 9101-003.839, 1302-003.821, 9202-007.943, 3302-007.542, 1401-003.632, 3401-007.043 e 1201-002.982.

[58] Lei nº 4.502, de 30.11.1964. "Art . 76. Não serão aplicadas penalidades: (...) II - enquanto prevalecer o entendimento - aos que tiverem agido ou pago o impôsto: a) de acôrdo com interpretação fiscal constante de decisão irrecorrível de última instância administrativa, proferida em processo fiscal, inclusive de consulta, seja ou não parte o interessado; b) de acôrdo com interpretação fiscal constante de decisão de primeira instância, proferida em processo fiscal, inclusive de consulta, em que o interessado fôr parte; c) de acôrdo com interpretação fiscal constante de circulares instruções, portarias, ordens de serviço e outros atos interpretativos baixados pelas autoridades fazendárias competentes."

limitação do escopo dessa Lei ao IPI, sendo questionável o seu emprego para outros tributos, e sobre a revogação tácita desse dispositivo pelo art. 100 do CTN.

Agora, com a positivação do Princípio da Cooperação Tributária em nível constitucional, esses temas devem ser reinterpretados levando em consideração que se tornou mandatória a proteção maior do contribuinte que observou algum posicionamento do Fisco ou do Poder Judiciário na realização dos seus atos. Essa proteção deve ser desdobrada em duas situações distintas:

> (i) se o contribuinte observou um precedente isolado ou uma solução de consulta na qual ele não era o consulente, deve ser afastada a multa, em linha com o racional do art. 100, parágrafo único, do CTN, porém estendendo o escopo de aplicação desse artigo para contemplar também precedentes administrativos e judiciais isolados;
> (ii) se o contribuinte observou a jurisprudência majoritária administrativa ou judicial ou uma solução de consulta especificamente a ele aplicável, porque ele era o consulente, tanto a multa como o tributo devem ser afastados, em linha com o racional do art. 24 da LINBD.

É necessário reconhecer que se trata de uma proteção maior do contribuinte em matéria de segurança jurídica no cenário de instabilidade dos posicionamentos do Fisco e da jurprudência em geral.

Até porque o art. 100, parágrafo único, do CTN, representa uma proteção jurídica insuficiente para tutelar e promover a cooperação tributária[59], uma vez que (i) apenas afasta a cobrança de multa, e não do tributo, e (ii) não considera a existência de precedente como hipótese que dá ensejo ao afastamento da multa. De outro lado, o art.

---

[59] ANDRADE, Leonardo Aguirra de. Acordo de Planejamento Tributário. São Paulo: Quartier Latin, 2019, p. 598-599.

146 do CTN também proporciona uma limitação à promoção da cooperação ao exigir um ato individual e concreto no caso específico do contribuinte (*i.e.* um auto de infração) para obstar a cobrança de tributos em decorrência da mudança na interpretação jurídica dada pelo fisco.

Veja-se que a mera existência de precedente regularmente emitido por autoridade legalmente investida no exercício regular de suas funções já é suficiente para se demonstrar que o entendimento adotado era possível, admissível e objetivamente razoável. Lícito, portanto, segundo a ótica de determinado(s) julgador(es)/intérprete(s). E isso tem como consequência necessária, à luz do princípio da cooperação tributária, torná-lo não passível de punição. Até porque, do contrário, deveríamos admitir que a própria decisão administrativa ou judicial em que se baseia é ilegal e, assim, passível de sanção. Se a norma admite múltiplas interpretações, a cooperação impõe que a prevalência de uma delas – se favorável ao fisco – dê azo à cobrança apenas do tributo, mas jamais de multa por inobservância da norma.

Diferente é a situação em que a tomada de decisão do contribuinte foi fundamentada em jusprudência majoritária ou em uma determinação específica do Fisco para o seu caso concreto. Quanto à primeira hipótese, cabe ao contribuinte provar que, à época da realização dos seus atos, considerou a jurisprudência administrativa ou judicial relativa ao critério jurídico que veio a se tornar posteriormente controverso. Se assim o fizer, ele não deve ser onerado pela cobrança do tributo e da multa. Relativamente à segunda hipótese, o contribuinte que observou um ato administrativo individual e concreto aplicável ao seu caso (tal como uma solução de consulta, em que ele era o consultente), igualmente não deve ser onerado por tributo e multa, quando houver uma mudança de opinião por parte do Fisco. Isso porque aquele ato administrativo individual e concreto representa uma espécie de contrato entre fisco e contribuinte merecedor de proteção jurídica similar àquela concedida pelo art. 146 do CTN. Em outras palavras, a mudança de critério jurídico prevista nesse artigo do Código deve também ser aplicada nos casos em que o próprio contribuinte consultou o Fisco, de modo que somente seja possível cobrar tributos no período futuro após a alteração na posição do Fisco. Nos dois casos (jurisprudência majoritária e orientação específica para determinado contribuinte), o Princípio da Cooperação Tributária tem eficácia normativa suficiente para afastar multa e tributo, porque os fundamentos que deram suporte para a tomada de decisão do contribuinte operam como normas jurídicas, cuja revogação somente pode produzir efeitos para o futuro, em linha com o art. 105 do CTN.

O Princípio da Cooperação Tributária, nesse particular, tem aplicação para aumentar a proteção jurídica do contribuinte e maximizar os meios para promoção da cooperação, garantindo também que uma mudança nos critérios jurídicos constantes da jurisprudência majoritária não tenha efeitos retroativos. Que valha apenas o futuro.

Trata-se do mesmo racional já admitido pela Receita Federal do Brasil quanto às soluções de consulta. De acordo com o art. 26 da Instrução Normativa RFB nº 2.058/2021, a mudança de orientação por parte das autoridades fiscais federais em soluções de consulta tem efeitos apenas para o futuro se tal alteração representar uma situação desfavorável para o contribuinte[60]. O Princípio da Cooperação Tributária aplica-se aqui para estender essa proteção não apenas para o contribuinte que confiou em uma solução de consulta, mas também para o contribuinte que confiou em jurisprudência majoritária (administrativa ou judicial) regularmente emitida e aplicável aos seus atos. Nesses casos, tributo e multa devem ser afastados relativamente ao período anterior à mudança de critério jurídico.

Colide frontalmente com a lógica cooperativa a punição ou a oneração (cobrança de tributo) maior daquele que segue uma intepretação já consolidada no posicionamento do Fisco ou da jurisprudência. Aqui, como se vê, uma mudança de paradigma na ampliação da proteção do contribuinte por força do Princípio da Cooperação Tributária.

### 2.5. O IMPACTO DO PRINCÍPIO DA COOPERAÇÃO NA LEI DE PREÇOS DE TRANSFERÊNCIA

O Princípio da Cooperação Tributária também possui aplicação em matéria de preços de transferência, sobretudo de acordo com a nova legislação sobre o tema.

O art. 8º da Lei nº 14.596, de 14.06.2023 (nova Lei de Preços de Transferência) estabelece que o fisco poderá

---

60 Instrução Normativa RFB nº 2058, de 09.12.2021. "Art. 26. Na hipótese de alteração do entendimento expresso em solução de consulta de que trata esta Instrução Normativa, a nova orientação será aplicada apenas aos fatos geradores ocorridos após a data de sua publicação na Imprensa Oficial ou após a data da ciência da solução pelo consulente, exceto se a nova orientação lhe for mais favorável, caso em que será aplicada, também, ao período abrangido pela solução anteriormente dada."

desconsiderar ou substituir a transação realizada pelo contribuinte, para fins da aplicação das regras de preço de transferência, quando chegar à conclusão de que outro contribuinte não teria realizado tal transação "*comportando-se de maneira comercialmente racional, consideradas as opções realisticamente disponíveis*":

> Art. 8º Para fins do disposto nesta Lei, quando se concluir que partes não relacionadas, agindo em circunstâncias comparáveis e comportando-se de maneira comercialmente racional, consideradas as opções realisticamente disponíveis para cada uma das partes, não teriam realizado a transação controlada conforme havia sido delineada, tendo em vista a operação em sua totalidade, a transação ou a série de transações controladas poderá ser desconsiderada ou substituída por uma transação alternativa, com o objetivo de determinar os termos e as condições que seriam estabelecidos por partes não relacionadas em circunstâncias comparáveis e agindo de maneira comercialmente racional.
> Parágrafo único. A transação controlada de que trata o caput deste artigo não poderá ser desconsiderada ou substituída exclusivamente em razão de não serem identificadas transações comparáveis realizadas entre partes não relacionadas.

Além disso, o art. 38 dessa mesma lei autoriza a formalização de uma consulta específica com a predefinição dos critérios e da metodologia a serem aplicados no futuro, pelo prazo de quatro anos, prorrogáveis por mais dois anos, para fins do emprego das regras de preços de transferência.

Nessas duas hipóteses, há um claro campo de aplicação do Princípio da Cooperação Tributária, no sentido de favorecer, de um lado, um comportamento voltado à transferência e à colaboração por parte do contribuinte, e, de outro lado, uma postura de prestação de serviços, de auxílio, sem um viés arrecadatório, por parte das autoridades fiscais.

Quanto ao art. 8º, a compreensão pelo fisco de um comportamento comercial racional deve ser orientada, também, pelo pressuposto da boa-fé. É desdobramento da cooperação, em uma relação bilateral, a lógica de que uma parte deve se esforçar para compreender o racional adotado pela outra parte, não apenas oportunizando meios para a sua comprovação, mas criando as melhores condições para tal comprovação. Leia-se: a ideia é que as partes se ajudem na comprovação de uma realidade concreta, mesmo que isso culmine em uma menor arrecadação. Frisa-se: as autoridades fiscais devem se esforçar para que o contribuinte exerça o direito na melhor e na maior medida possível.

O Princípio da Cooperação Tributária também exerce uma função hermenêutica em relação à extensão do parágrafo único do referido art. 8º, no sentido de que, no caso de não identificação de uma maneira comercial racional em outra transação comparável, devem ser privilegiadas a inovação e a inventividade.

O conceito de *"operações realisticamente disponíveis"* deve ser informado pelo Princípio da Cooperação Tributária, no sentido de (i) promover uma diálogo entre fisco e contribuinte que permita a demonstração, pelo contribuinte, do seu racional, ainda que inovador, (ii) privilegiar a boa-fé do contribuinte, (iii) efetivar os meios necessários para a disponibilização de informações pertinentes para a compreensão do racional comercial, (iv) dar a maior transparência possível para os fatos das transações praticadas pelo contribuinte.

Quanto ao art. 38, o acordo entre fisco e contribuinte é, em sua essência, um espaço para cooperação, a fim de que a predefinição dos efeitos futuros dos negócios e atos a serem praticados sejam alinhados com a realidade do contribuinte e com as práticas de mercado, favorecendo a maximização dos seus resultados financeiros.

O Princípio da Cooperação Tributária deve orientar o fortalecimento do pressuposto de boa-fé, o que, em matéria de preços de transferência, deve garantir os efeitos jurídico-tributários dos atos praticados pelos contribuintes, caso o fisco não tenha sucesso (i) na identificação de uma transação comparável, (ii) na comprovação de que existe uma outra "maneira comercialmente racional" aplicável ao caso.

## 2.6. O PRINCÍPIO DA COOPERAÇÃO TRIBUTÁRIA E A PROTEÇÃO DAS AUTORIDADES FISCAIS

Se, de um lado, os programas de cooperação tributária promovem avanços na redução de litigiosidade, na promoção da confiança, no aprimoramento da transparência fiscal, no aumento da eficiência etc., gerando benefícios para toda a sociedade, de outro lado, eles geram uma preocupação para as autoridades fiscais do ponto de vista da responsabilidade funcional[61].

O tratamento diferenciado para determinados contribuintes, naturalmente, implica um tensionamento com a igualdade. A nosso ver, todavia, não há contrariedade ao princípio da igualdade na adoção da cooperação tri-

---

61 PARADA, Marcio Henrique Sales; OLIVEIRA, Philippe Toledo Pires. Programas de conformidade cooperativa e a responsabilidade funcional no lançamento. *Portal Jota*, janeiro de 2024.

butária, porque diferentes contribuintes têm necessidades e desafios distintos conforme o seu porte econômico, volume de atividades, número de empregados, presença em diferentes locais, particularidades setoriais, legislação específica etc. A compreensão por parte das autoridades fiscais dessas particularidades não contraria a igualdade, pelo contrário, reafirma-a[62].

Esse entendimento, todavia, não é tido como suficiente para afastar as preocupações das autoridades fiscais.

Antes da constitucionalização do Princípio da Cooperação Tributária, não havia um fundamento normativo para orientar o afastamento da responsabilidade funcional por parte das autoridades fiscais que deixassem de cobrar tributo ou aplicar multa nas situações em que esse princípio tem aplicação.

Pelo contrário, o art. 3º do CTN estabelece que a cobrança dos tributos é realizada *"mediante atividade administrativa plenamente vinculada"* e o art. 142, parágrafo único, do Código prevê que a atividade de *"lançamento é vinculada e obrigatória, sob pena de responsabilidade funcional"*. Além disso, a legislação tributária voltada à aplicação de multas, como por exemplo Lei nº 9.430/1996 (que estabelece as multas fiscais no âmbito federal), não prevê o tratamento melhorado para o contribuinte *"bom pagador"*[63].

---

[62] GOLDSCHMIDT, Fabio Brun; ANDRADE, Leonardo Aguirra de. Por um Princípio Jurídico-tributário da Cooperação. *Revista Direito Tributário Atual* nº 53. ano 41. p. 215-243 (226). São Paulo: IBDT, 1º quadrimestre 2023.

[63] PARADA, Marcio Henrique Sales; OLIVEIRA, Philippe Toledo Pires. Programas de conformidade cooperativa e a responsabilidade funcional no lançamento. *Portal Jota*, janeiro de 2024.

Após a inclusão do Princípio da Cooperação Tributária no texto constitucional, esses dispositivos devem ganhar nova interpretação, no sentido de afastar um (falso) pressuposto de que as autoridades fiscais deveriam, sempre, efetuar o lançamento tributário de ofício, inclusive com multa, no maior valor possível. A lógica de que *"na dúvida, é melhor cobrar o quanto mais possível"* passa a colidir com o Princípio Constitucional da Cooperação Tributária.

A eficácia do Princípio da Cooperação Tributária permite que as autoridades fiscais deem tratamento diferenciado aos contribuintes conforme as suas peculiaridades, inclusive com a cobrança do tributo no menor valor possível, de acordo com a lei, e com o afastamento de multas. Isso porque a promoção da cooperação e da confiança entre fisco e contribuinte exige a graduação ou afastamento de penalidades em situações específicas (por exemplo, de ausência de dano ao Erário), e o tratamento diferenciado dos chamados "bons pagadores".

Nesse particular, a constitucionalização do Princípio da Cooperação Tributária tem o efeito prático de proteger as autoridades fiscais contra o risco da sua responsabilidade funcional quando há observância da lei em sentido mais favorável possível ao contribuinte.

### 2.7. LIMITES À TROCA DE INFORMAÇÕES OBTIDAS EM PROGRAMAS DE COOPERAÇÃO PELOS FISCOS LOCAIS

O Princípio da Cooperação Tributária vem resolver um problema grave de insegurança jurídica quanto ao uso das informações obtidas pelo fisco por meio de programas de cooperação. Embora o contribuinte possa estar protegido em face do ente federativo com o qual fez um acordo, parcelamento ou transação, não havia uma norma no Brasil impedindo que as informações relevantes fossem trocadas com outros entes federativos com base no art. 199 do CTN[64], assim como não havia obstáculo para o seu uso em finalidade diversa do programa de cooperação e contra os interesses do contribuinte.

As informações prestadas pelo contribuinte dentro de um programa de cooperação com a União, por exemplo, podem ser protegidas pela confidencialidade e pela vedação à autoincriminação por uma lei federal, mas poderiam ser objeto de regime de troca de informações entre os entes tributantes (União, Estados e Municípios), os quais poderiam fazer dessas informações um "mau uso", isto é, utilizando-as sem as referidas proteções.

Diante disso, Elidie Palma Bifano e Bruno Fajersztajn sustentavam – antes da constitucionalização do Princípio da Cooperação Tributária – a necessidade de uma lei complementar para harmonizar os procedimentos de todos os entes tributantes e para minimizar o risco de surpresa para o contribuinte[65]. Agora, com a constitucionalização do Princípio da Cooperação Tributária, o tema ganha uma nova roupagem: a relação do contribuinte com o Estado Brasileiro deve ser vista como um todo,

---

64 Código Tributário Nacional. "Art. 199. A Fazenda Pública da União e as dos Estados, do Distrito Federal e dos Municípios prestar-se-ão mutuamente assistência para a fiscalização dos tributos respectivos e permuta de informações, na forma estabelecida, em caráter geral ou específico, por lei ou convênio."

65 BIFANO, Elidie Palma; FAJERSTAJN, Bruno. "A divulgação de negócios com reflexos tributários benéficos aos contribuintes". *Revista Brasileira de Direito Tributário*. São Paulo: Magister, julho/agosto, de 2015, v. 51. pp. 5-25 (18).

uma vez que esse Princípio informa todo o Sistema Tributário Brasileiro.

Logo, se o contribuinte disponibilizou uma informação protegida por sigilo, confidencialidade e vedação à autoincriminação para um ente federativo, ela não pode ser entregue a outro ente federativo sem a sua autorização expressa e prévia. Caso contrário, haverá uma clara afronta ao Princípio da Cooperação Tributária.

A participação do contribuinte na autorização da disponibilização das suas próprias informações a outros entes tributantes é uma condição essencial para uma relação cooperativa.

## 2.8. LIMITES À TROCA DE INFORMAÇÕES OBTIDAS EM PROGRAMAS DE COOPERAÇÃO COM OUTROS PAÍSES

Os instrumentos internacionais de troca de informação fiscal entre países, em geral, não abordam, em detalhe, os procedimentos a serem adotados para proteger os direitos dos contribuintes[66]. Diante disso, trata-se de um tema que goza de um tratamento bastante diverso conforme a legislação de cada país[67].

---

[66] ANDRADE, Leonardo Aguirra de. *Acordo de Planejamento Tributário*. São Paulo: Quartier Latin, 2019, p. 508.

[67] NOGUEIRA, João Félix Pinto. "Portugal: Right To Be Notified in Requested State". In: KEMMEREN, Eric (et. al.) *Tax Treaty Case Law around the Globe 2014*. v. 89. Viena: IBFD, Linde, 2015. pp. 355-364; WÖHNER, Viktoria. *Data Protection and Taxpayers' Rights: Challenges Created by Automatic Exchange of Information*. v. 10. IBFD Online, setembro de 2018. "Chapter 5: Exchange of Information and the Risks for Taxpayers". Item 5.6.3. Desta última obra, destaca-se: "Procedural rights such as the right to inspect files, be notified, be heard, object and appeal against exchange of information could prevent situations

Luís Eduardo Schoueri e Mateus Barbosa defendem que a relação de sujeição estabelecida entre um particular e o seu respectivo país não deve ser, automaticamente, estendida a outros países, sem a participação ou autorização do particular. Avaliando a legislação brasileira sobre o tema, Schoueri e Barbosa sustentam que o direito à participação do contribuinte no procedimento de repasse de suas informações a fiscos estrangeiros seria uma exigência do Estado de Direito e do devido processo legal no contexto nacional. Além disso, os autores encontram na Lei nº 9.784/1999 (arts. 2º e 3º) fundamentos para garantir a tutela desse direito, porém registram que caberia ao Brasil adotar uma legislação específica sobre o tema para assegurar as garantias do processo legal[68].

É aqui que se aplica o Princípio da Cooperação Tributária, dando fundamento constitucional para se exigir a participação do contribuinte na autorização prévia para

where the taxpayer is harmed due to a breach of confidentiality or a misuse of the exchanged information. The instruments for exchange of information, however, do not provide for procedural rights of the taxpayer but have left this issue to domestic legislation. The focus has been on an efficient and rapid exchange of tax information rather than on the position of the taxpayers whose information is exchanged. The different instruments for exchange of information are not dealing with the relationship to the taxpayer. Whereas the instruments, on the one hand, give countries the right to deny granting the information in some circumstances, this concerns only the horizontal relation between tax authorities of different states. The relation between taxpayers and tax authorities, on the other hand, is almost not regulated at all in the international instruments for exchange of information".

68 SCHOUERI, Luís Eduardo; BARBOSA, Matheus Calicchio. "Da Antítese do Sigilo à Simplicidade do Sistema Tributário: os desafios da transparência fiscal internacional". In: SANTI, Eurico Marcos Diniz et. al. (coords.). *Transparência Fiscal e Desenvolvimento: Homenagem ao Professor Isaias Coelho*. São Paulo: Fiscosoft Editora, 2013, pp. 497-523 (516-518).

a troca e para o uso das informações do seu interesse por outras jurisdições.

Sergio André Rocha ensina que seria possível inferir o direito do contribuinte afetado pela transferência de seus dados para outros países a partir do art. 3°, inciso II, da Lei n° 9.784/1999, que estabelece o direito do administrado de ter "*ciência da tramitação dos processos administrativos em que tenha a condição de interessado, ter vista dos autos, obter cópias de documentos neles contidos e conhecer as decisões proferidas*". No entanto, em razão da falta de um regramento específico em matéria tributária, Rocha sugere a edição de uma lei federal para garantir segurança jurídica, com base no devido processo legal[69].

Mais uma vez, o Princípio da Cooperação Tributária traz uma nova leitura para a matéria. A nosso ver, agora, essa lei sequer seria necessária para garantir o direito do contribuinte de tomar conhecimento do procedimento de troca de informações. Sem dúvida, uma lei poderia disciplinar o tema, mas a constitucionalização do Princípio da Cooperação Tributária torna essa regulamentação oportuna apenas para regrar o procedimento, uma vez que o direito passou a ter status constitucional.

Antes desse Princípio, havia uma hipótese de insuficiência normativa no âmbito tributário, que tendia a prejudicar o exercício de direitos individuais pelo contribuinte em matéria de troca de informações pelo Brasil com outras jurisdições. Naquele contexto, havia argumentos para defender que não seriam aplicáveis os princípios da ampla defesa e do contraditório no procedimento fiscalizatório (antes da constituição de créditos tributá-

---

[69] ROCHA, Sergio André. *Troca Internacional de Informações para Fins Fiscais*. São Paulo: Quartier Latin, 2015. p. 189-190.

rios) – quando for esse o âmbito da troca de informações entre fiscos –, pois nessa seara aplica-se o princípio da oficialidade[70].

Isso não significava que o contribuinte não tinha o direito de tomar conhecimento de procedimentos em seu nome, pois o art. 2º, XII, da Lei nº 9.784/1999, ao positivar o princípio da oficialidade, diz que ela será efetivada *"sem prejuízo da atuação dos interessados"*[71]. Vale lembrar que, no Direito Administrativo, tutela-se o princípio da acessibilidade[72], o que, inclusive, tem fundamento no art. 5º, inciso XXXIII, da Constituição Federal, ao se garantir o *"direito de receber dos órgãos públicos informações de seu interesse particular"*[73].

[70] MACHADO SEGUNDO, Hugo de Brito. *Processo Tributário*. 10ª Edição. São Paulo: Atlas, 2018. p. 44;

XAVIER, Alberto. *Do lançamento: teoria geral do ato, do procedimento e do processo tributário*. 2ª Edição. Rio de Janeiro: Forense, 1998, pp. 326-327.

[71] Lei nº 9.784, de 29 de janeiro de 1999. "Art. 2º (...) Parágrafo único. Nos processos administrativos serão observados, entre outros, os critérios de: (...) XII - impulsão, de ofício, do processo administrativo, **sem prejuízo da atuação dos interessados**;" (grifos nossos).

[72] MELO, Celso Antonio Bandeira de. *Curso de Direito Administrativo*. São Paulo: Malheiros, 2009. pp. 495-496; MARINS, Jaime. *Direito Processual Tributário Brasileiro: (administrativo e judicial)*. 2ª Edição. São Paulo: Dialética, 2002, p. 183. Desta última obra, destaca-se: "(...) assiste ao particular o direito de ser comunicado formalmente sempre que houver qualquer atividade administrativa que se refira a sua esfera de interesse jurídico, de modo a que dê integral cumprimento ao princípio da cientificação (...) O princípio da cientificação é cânone fundamental estribado na transparência que deve governar toda atividade administrativa: assegura ao particular não ser surpreendido por atividade administrativa que lhe diz respeito".

[73] Constituição Federal de 1988. "Art. 5º (...) XXXIII - todos têm direito a receber dos órgãos públicos informações de seu interesse particular, ou de interesse coletivo ou geral, que serão prestadas no prazo da

Restava claro, assim, que no Brasil o contribuinte tinha direito a ter acesso às informações detidas pelo fisco que sejam de seu interesse. Entretanto, não existia norma no Direito Tributário brasileiro que obrigasse o fisco, *de ofício*, a comunicar o contribuinte sobre a existência de um procedimento de envio dos seus dados para outros países e, além disso, que obrigasse o fisco a perguntar para o contribuinte se ele concordava com a troca de suas informações[74].

A novidade, portanto, nessa seara, é que o Princípio da Cooperação Tributária exige do fisco brasileiro não apenas dar conhecimento a respeito da existência do procedimento, mas também condicionar a troca de informações à autorização prévia do contribuinte.

Sem isso, a eficácia do Princípio da Cooperação Tributária estará mitigada de maneira injustificada nessa matéria.

### 2.9. COOPERAÇÃO E SPLIT-PAYMENT

A reforma tributária do consumo apresenta uma série de questões relativas à cooperação tributária em sua perspectiva hermenêutica.

Uma delas se refere ao *Recolhimento na Liquidação Financeira (Split Payment)*, mecanismo no qual os prestadores de serviços de meios de pagamento são responsáveis para segregar, no momento da liquidação financeira de cada transação, quanto do valor pago é destinado a título de

---

lei, sob pena de responsabilidade, ressalvadas aquelas cujo sigilo seja imprescindível à segurança da sociedade e do Estado;"

[74] ROCHA, Sergio André. *Troca Internacional de Informações para Fins Fiscais*. São Paulo: Quartier Latin, 2015. p. 187.

tributo (IBS/CBS) para os fiscos e quanto é destinado para o comerciante fornecedor.

A nosso ver, trata-se de ferramenta institucional bastante favorável à efetivação da arrecadação e ao combate à evasão fiscal, uma vez que reduz, em muito, o campo de escolha do empresário pelo pagamento, ou não, do tributo.

Nesse sistema, as empresas de meio de pagamento são chamadas a cooperar com o fisco para aprimorar e facilitar a forma de arrecadação. Com isso, os bons pagadores também são favorecidos, dado que os seus concorrentes que não pagam tributos serão financeiramente prejudicados.

Essa atribuição de deveres instrumentais e tecnológicos às empresas de meio de pagamento não pode se confundir com a atribuição de responsabilidade tributária, muito menos deve permitir, de forma alguma, a sua penalização em caso de qualquer fraude ou, ainda, de defeito no funcionamento de sistemas tecnológicos. Nesse particular, deve ser aplicado princípio da proporcionalidade para balizar os limites da atribuição de deveres instrumentais e afastar ônus excessivos para os agentes envolvidos.

# CONCLUSÕES

1. A constitucionalização do Princípio da Cooperação Tributária tem consequências jurídicas relevantes para o ordenamento jurídico-tributário brasileiro. A eficácia normativa que já poderia ser construída a partir de outras diretrizes constitucionais tornou-se inconteste – e maior - com a edição da Emenda Constitucional nº 132/2023.

2. Na qualidade de princípio geral do sistema tributário, o Princípio da Cooperação funciona como vetor hermenêutico, impondo a prevalência de posições que prestigiem a eficiência, a economicidade, a promoção do desenvolvimento e do pleno emprego, a redução da litigiosidade e a criação de um ambiente juridicamente seguro.

3. Dentro dessa lógica, a autoridade fiscal, tendo diante de si mais de uma forma de autuar determinado contribuinte, deve optar pela alternativa menos danosa e prejudicial à relação fisco-contribuinte, preferindo soluções menos geradoras de atrito, conflito e desconfiança, ainda que menos onerosas.

4. Da relação de confiança exigida pelo Princípio da Cooperação se extrai que o contribuinte que pauta sua atuação baseado em precedente administrativo ou judicial (ainda que isolado) que lhe dê suporte, adota interpretação razoável da norma (dado que proveniente de autoridade legitimamente constituída) e, consequentemente, não passível de punição.
5. Daí se extrai também que aquele que age baseado em jurisprudência dominante, administrativa ou judicial, deve ter sua confiança no sistema respeitada, podendo-se – em caso de orientação dissonante – exigir tributo e multa apenas para o futuro.
6. A proteção da confiança inerente à relação colaborativa impõe que a alteração de entendimento, em qualquer caso, jamais implique efeito sobre o passado (seja para a cobrança de tributo ou multa).
7. A chamada de Lei da Liberdade Econômica contém uma espécie de roteiro de boas práticas a serem adotadas pelo Estado, com potenciais efeitos na promoção da cooperação. E, nesse sentido, mostra-se conflitante com o Princípio da Cooperação (e, consequentemente, tacitamente revogado) seu art. 1º, §3º, que estabelece que tal lei não tem aplicação no direito tributário e no direito financeiro. Disso decorrem inúmeras e importantes implicações práticas.
8. No âmbito do planejamento tributário, o Princípio da Cooperação implica a aplicação de regras positivas, afastando critérios e parâmetros não previstos em lei. Ele também oportuniza aos contribuintes a realização de acordos de planejamento tributário, prefixando critérios jurídicos a serem empregados no futuro, quando da realização dos fatos geradores dos tributos.

9. O Princípio ainda impede a aplicação de multas qualificadas ou majoradas ante planejamentos tributários que já tenham sido validados pela Administração Tributária. E faz prevalecer o pressuposto de boa-fé dos atos do particular, que só poderão ser afastados ante farto conjunto probatório demonstrativo de sua irregularidade.

10. Em matéria de preços de transferência, a prevalência da boa-fé imposta pelo Princípio da Cooperação conduz à garantia dos efeitos jurídico-tributários dos atos praticados pelos contribuintes, caso o fisco não tenha sucesso (i) na identificação de transação comparável; e (ii) na comprovação de que existe outra maneira comercialmente racional aplicável ao caso. É corolário do axioma cooperativo a exigência de que uma parte deva se esforçar para compreender o racional adotado pela outra parte.

11. O Princípio da Cooperação Tributária impõe uma maior proteção para os agentes fiscais ou julgadores administrativos que apliquem critérios jurídicos alinhados com a lógica colaborativa, inclusive nos casos em que possa ocorrer uma desoneração do contribuinte. Não deve haver qualquer consequência negativa, muito menos responsabilidade funcional, para quem promove a cooperação, seja nos atos de não cobrança de tributos, seja nas medidas de favorecimento de um ambiente de colaboração e prestação de serviços que auxiliem no cumprimento de obrigações tributárias de maneira eficiente.

12. O Princípio da Cooperação Tributária serve de fundamento à promoção de medidas de redução dos custos administrativos para fiscalização e cobrança de tributos, contando, inclusive, com custeio priva-

do de ferramentas tecnológicas. Isso porque, quanto mais eficiente e tecnológico for o procedimento de fiscalização, garantindo previsibilidade, celeridade e assertividade na comunicação entre fisco e contribuinte, mais cooperativo o ambiente tributário será.

13. O Princípio da Cooperação impõe àquele que recebe determinada informação o dever de não divulgá-la ou utilizá-la para fim diverso do pretendido, a menos que devidamente autorizado pela outra parte.

14. As atividades de auxílio ao Fisco prestadas por terceiros vão ao encontro da lógica colaborativa, não devendo, portanto, atrair responsabilidade de qualquer sorte, a menos que pontual e expressamente prevista, em observância aos limitadores do Código Tributário.

- editoraletramento
- editoraletramento.com.br
- editoraletramento
- company/grupoeditorialletramento
- grupoletramento
- contato@editoraletramento.com.br
- editoraletramento

- casadodireito
- editoracasadodireito.com.br
- casadodireitoed
- casadodireito@editoraletramento.com.br